I0536264

دائرة المعارف فرشتگان

فرشتگان با شما سخن می‌گویند

جلد اول

مژگان انصاری - امیر قدمی

۲۰۲۲

سریال کتاب: P۲۲٤۵۵۱۰۱۰٤

سرشناسه: ANS ۲۰۲۲

عنوان: دائره المعارف فرشتگان

پدید آورنده: مژگان انصاری – امیر قدمی

طراح جلد: KPH Design

شابک کانادا: ISBN: ۹۷۸-۱-۹۹۰۷۶۰-۳۶-۵

موضوع: معنوی

مشخصات کتاب: Paperback / رقعی

تعداد صفحات: ۱۰۸

تاریخ نشر در کانادا: اگوست ۲۰۲۲

Kidsocado Publishing House

خانه انتشارات کیدزوکادو

ونکوور، کانادا

تلفن : +۱ (۸۳۳) ۶۳۳ ۸۶۵۴

واتس آپ: +۱ (۲۳۶) ۳۳۳ ۷۲۴۸

ایمیل : info@kidsocado.com

وبسایت انتشارات: https://kidsocadopublishinghouse.com

وبسایت فروشگاه: https://kphclub.com

سلام هم زبان

دستیابی ایرانیان مقیم خارج از کشور به کتاب‌های بسیار متنوع و جدیدی که به تازگی در ایران نگاشته و چاپ می‌شوند، محدود است. ما قصد داریم این خدمت را به فارسی زبانان دنیا هدیه دهیم تا آنها بتوانند مانند شما با یک کلیک کتاب‌هایی در زمینه های مختلف را خریداری کنند و درب منزل تحویل بگیرند.

گروه KPH و یا خانه انتشارات کیدزوکادو تحت حمایت گروه کیدزوکادو این افتخار را دارد تا برای اولین بار کتاب‌های با ارزش تألیفی فارسی را در اختیار ایرانیان مقیم خارج از ایران قرار دهد.

از اینکه توانستیم کتابهای جدید و با ارزشی که به قلم عالی نویسندگان و نخبگان خوب ایرانی نگاشته شده است را در اختیار شما قرار دهیم و در هر چه بیشتر معرفی کردن ایران و ایرانیان و فارسی زبانان قدم برداریم، بسیار احساس رضایتمندی داریم.

این کتاب‌ها تحت اجازه مستقیم نویسنده و یا انتشارات کتاب صورت گرفته و سود حاصله بعد از کسر هزینه‌ها، به نویسنده پرداخته می شود.

خانه انتشارات کیدزوکادو در قبال مطالب داخل کتاب هیچگونه مسئولیتی ندارد و صرفاً به عنوان یک انتشار دهنده می‌باشد. شما خواننده عزیز، می‌توانید ما را با گذاشتن نظرات در وب سایتی که کتاب را تهیه کرده‌اید به این کار فرهنگی دلگرمتر کنید. از کامنتی که در برگیرنده نظرتان نسبت به کتاب است عکس بگیرید و برای ما به این ایمیل بفرستید. و یک کتاب بصورت هدیه از ما دریافت کنید.

ایمیل :
info@kidsocado.com

فهرست مطالب:

مقدمه:

نخستین فکری که پس از روشن شدگی به ذهن بودا رسید این بود:

"من چگونه خبر این واقعه عظیم را به دیگران برسانم؟"

اغلب افرد با ادیان و مذاهب گوناگون فکر می‌کنند که برای سلامتی، ثروت‌مند شدن، ازدواج خوب، طول عمر و خواسته‌ها باید از خدای خود یاری بخواهند و با پرستش، انفاق، هبه، قربانی، روزه، دعا، نماز و اعمال عبادی موجبات رضایت او را فراهم کنند و

باور دارند که این اعمال باعث می‌شود تا گشایشی در زندگی وکسب وکارشان حاصل شود و به سلامتی یا ثروت، آرامش و بهبود در روابط برسند. بسیاری، برداشت‌ها وخرافات و تفاسیر بسیار واهی از بینش و جهان بینی انسانی دارند.

برخی هم با برداشت‌ها و تفاسیر غلط از کتاب‌های آسمانی، بینشی خضمانه نسبت به دیگر مردمان و ادیان و مذاهب دارند و همه بر این باورند که یگانه راه رستگاری، خدمت به خدای‌شان است و آن را یافته‌اند و دیگر انسان‌ها در طریق اشتباه گام نهاده‌اند.

تصورات و توصیفاتی که از منشاءء آفرینش، جهان پس از مرگ و بهشت و جهنم و سایر امور متافیزیکی دارند نیز به همان صورت کودکانه و انتزاعی است.

این هم که همه چیز در دست خداست و اراده و قدرت او در همه کارهای ما دخالت دارد از دیرباز مورد قبول مومنان و دین‌داران در سراسر کره زمین بوده است.

به شما می‌گویم که این تصویر اشتباه است و از آنجا که اکثر مردم با این روش ها به مرادشان نمی‌رسند خدا را خیلی دست نیافتنی می‌بینند، ایمان شان را از دست می‌دهند و به پوچی و نیهیلیسم می‌رسند و گاه حتی آتئیست می‌شوند و به انکار خداوند می‌پردازند. حال آنکه این تصورات نیز بسیار ساده‌لوحانه به نظر می‌رسند. هرکس تصوری محدود و ابتدایی از خداوند را که ساخته و پرداخته ذهن او است را حمل می‌کند و با آن زندگی می‌کند، مسلمان، مسیحی، بودایی، هندو، همه و همه این تصورات تنها صورتی از حقیقت ذات شریف خداوند است. و البته مورد قبول و قابل احترام. اما اگر نیک بنگریم. خداوند از همه صفات و سوژه‌های ذهنی که ما به او نسبت می‌دهیم والاتر است و همه انسان‌ها در حال ساختن و پرستش یک تصور ذهنی ابتدایی از خداوند هستند.

پرسشی که مطرح می‌شود این است که اگر این طور است قدرت اراده و خواست ما یا قدرت آزادی انسان چه کاربردی دارد؟ آیا ما به میل خود اینجاییم؟ زندگی ما به همین فاصله بین تولد و مرگ محدود می‌شود؟ آیا ما انسان‌ها موجوداتی تک سلولی هستیم که

تکامل یافته وصورت انسانی به خود گرفته‌ایم؟ آیا ما درپهنه گیتی تنها هستیم و زمین تنها محل قابل سکونت است؟ به راستی که این ارتباط‌های میان جهان ما انسان‌ها و موجودات ابعاد بالاتر وجود چطورشکل می‌گیرد؟

واقعیت این است که ازطریقت محمد (ص) ومسیح گرفته تا سایر مذاهب وادیان گوناگون، همگی قسمتی از این مطالب فرای دسترس و تجربه انسانی را برای مردمان عصر خویش به زبانی عامیانه و در حد معلومات عام زمان‌خویش توضیح داده‌اند و همه آن‌ها نیز صحیح گفته و برداشت و دریافت خویش وآنچه که پرسش‌ها و نیازهای عصرشان بوده است را تبیین نموده‌اندکه رفته رفته، همان مختصر آگاهی نیز توسط دیگران دست خوش تحریف و تفسیر غلط و سود جویی بسیار شده است.

واقعیت وجودی ما در دنیای مادی و کره زمین اما چیز دیگری است. بیایید این زمین، طبیعت، زندگی‌مان و کل حیات جهان قابل رویت و ستارگان و سیارات را یک واقعیت مجازی یا بازی شبیه سازی شده فرض کنیم که فقط برای ما که درآن به سر می‌بریم واقعی است (شبیه به آنچه در فیلم آواتار یا ماتریکس دیدیم).

برای درک بهتر آنچه می‌خواهم به شما بگویم تصور کنید که از زمانی که متولد شده‌ایم و تا زمانی که حیات ما در این سطح جریان دارد، درمرحله‌ای از این واقعیت مجازی قرارداریم، واقعیتی که هوشمندانه طراحی شده و هرکدام از ما درآن نقش خودمان را داریم و کل این مجاز با وجود تک تک ما به پیش می‌رود. ما به کمک هم به این واقعیت مجازی صورت حقیقی می‌دهیم و وجود هریک از ما هویت خود ما و دیگران را تأیید می‌کند، هریک از ما در توسعه وپیشرفت آن یا تخریب و تهدید آن نقشی را انجام می‌دهیم، نقشی که درست یا غلط از قبل به خوبی برنامه ریزی شده است.

برنامه‌نویس هوشمندی که ایده اولیه را داشته، این بازی را طراحی کرده، سناریوها را نوشته و نقش های ما را تعیین کرده است. او از کدهای خاصی استفاده کرده و حتماً بخش های سخت افزاری و نرم افزاری پیچیده‌ای برای اجرای کل مجموعه طراحی و ساخته و آن‌را بر بستر این تجهیزات پیاده سازی نموده است.

او با هوشمندی تمام برای کنترل بهتر مجموعه‌ای از قوانین خاصی استفاده کرده که مادامی که درآن قرار داریم، از آن قوانین بی اطلاع هستیم. این مجموعه با کمک کارمندان بخش تحقیق و توسعه تا مادامی که او بخواهد ادامه دارد، درحقیقت کسی که اولین کدها را با دقت خاص و ظرافت تمام نوشته در اینجا همه کاره است.

حال اگر بر فرض محال، (برنامه‌نویس هوشمند اولیه) حتی الآن حضور نداشته باشد یا نظارت یا دسترسی به جهان ما هم نداشته باشد، قوانین و دستورات او همان قواعدی است که کل دنیای خلق شده را راهبری می‌کند. برای او این بازی تمام شده و از آغاز تا پایان آن را می‌داند اما برای ما که درآن درگیریم چطور؟ اینجا برای ما، محیط بازی و کارمندانی که برای بهبود عملکرد و رفع نواقص وارد این مجموعه شده‌اند از اهمیت والایی برخوردار است.

می‌دانیم که قوانین فیزیکی حاکم بر جهان ما ثابت و پایدار هستند، حداقل تازمانی که طبق قانونی دیگر تغییری رخ ندهد (مانند معجزات پیامبران یا دستان شفابخش عیسی یا آنچه خودمان جهت فایق آمدن بر جاذبه زمین انجام می‌دهیم) پس این سیستم هوشمند در نهایت نظم و قاعده و قانون به پیش می‌رود. فرض کنیم کل این جهان در دی ان ای خدا است و خداوند در حکم ناظر اولیه درآن حضوری والا دارد. در حقیقت برای‌خداوند، این جهان بارها و بارها از لحظه بیگ بنگ تا پایانش تمام شده، او در تک تک لحظه‌ها و اجزای این سیستم حضور داشته و دارد و به همه امور و اتفاقات آن آگاه است. پس از سویی برای همه بازیکنان در دسترس نیست و هم بازیکنان بازی برای او به راحتی در دسترس‌اند (مثل چیزی که در دنیای بازی‌های مجازی معمول است یا سلول‌های بدن خودمان برای ما) من برای شما از یک ماتریکس سخن می‌گویم. چیزی که این ماتریکس را جذاب‌تر می‌کند این است که همه بازیکنان این بازی در درون او و دنیای شبیه سازی شده‌اش حضوردارند، او نسبت به همه طرف‌های بازی بی‌طرف است و می‌داند که بازیگران اگر ببازند و یا برنده این بازی شوند. (ممکن است با یافتن قوانین بازی بتوانند درآن مهارت یافته و به مرحله بعد بروند) همگی درخدمت او و برای او

هستند. فرشته‌ها و سایر موجوداتی که برای ما واقعی و قابل دسترس نیستند، همان کارمندان وکارگزاران او هستند که هرکدام باقسمتی از اکوسیستم در تعامل است و وظیفه دارند. آنتروپی منفی را خنثی کنند و از صحت عملکرد سیستم اطمینان حاصل کنند. کل سیستم بسیار پیچیده و درهم تنیده است. به باور من دو نیروی اولیه پایه و اساس، منشاء و شالوده جهان آفرینش را شکل می‌دهند یکی عشق و دیگری آگاهی. درحقیقت عشق خداوند سبب شد تا دست به آفرینش بزند و آگاهی او سبب شد که جهان هستی را دربی نهایت ابعاد با دقت و ظم تمام بنا نهد و علم وحضور اوست که در هر ذره از حیات درهرجهانی گسترده شده است. اما من می‌خواهم بگویم که همه چیز انرژی است، انرژی هیچ گاه از بین نمی‌رود و هر انرژی از تبدیل انرژی به انرژی دیگر حاصل می‌شود، کائنات درهم تنیده شده از همه انرژی‌ها است اما منبع اولیه و سرچشمه همه این انرژی هستی بخش همان جوهری است که کل هستی را دربرگرفته و ما انسان‌ها، آن را زندگی، حیات، خداوند و... می‌نامیم. این مثال آشنا را نقل قول میکنم.

"ماهی را تصور کنید که از او درباره دریا سؤال می‌کنند، ذهن ماهی چیزی در مورد اقیانوس و دریا نمی‌داند اما ماهی در دریا بوجود می‌آید، در دریا می‌زید و در دریا می‌میرد. این ساحت بزرگ دریا است که محیطی برای زیست ماهی به وجود آورده و تولد و مرگ یک ماهی کوچک از بزرگی و وسعت آن کم نمی‌کند و یا به آن چیزی اضافه نمی‌کند. اما هر ماهی نقشی بی بدیل در دریا وحیات آن دارد، نقشی که تنها منحصر به همان یک ماهی است وپس از آن هیچ ماهی دیگری نمی‌تواند آن نقش را با همان کیفیت و شعور ایفا کند."

حال برای درک بهتر این مسأله، نقش وشخصیتی که خودتان دارید یا پدر و مادرتان دارند را درنظر بگیرید، آیا پس از درگذشت شما، کس دیگری هست که تمام وکمال در نقش و آگاهی وکیفیت حیاتی که شما دارید ظاهر شود؟ بحث اصلی این کتاب در مورد فرشته‌ها است. اینکه آیا این موجودات واقعا وجود دارند و آیا برای همه این امکان وجود

دارد که با آنها ارتباط برقرار کنند و این که چطوردرخدمت خداوند هستند پرسشی است که ذهن بشر را به خود مشغول داشته است.

هرگاه در مورد فرشتهها و موجودات معنوی یا ارتباط با عوالم بالا با دیگران صحبت یا به آن فکر میکنیم، ناخودآگاه به یاد متون مذهبی و کتاب مقدس میافتیم که از ارتباط فرشتهها با پیامبران و پیام هایی که از سوی خداوند برای شان میآوردند، در آنها نوشته شده و اغلب دانش و یافته های بشری نیز در همین حد است.

این تصور انسان که خدا در جایی دور دست در مکانی در آسمان ها و بسیار دست نیافتنی است، از آنجا که فرشتهها به او نزدیک تر هستند وبالهایی پرقدرت دارند، میتوانند این مسافت را از تخت پادشاهی خداوند پرواز کنند تا به ما پیامش را برسانند از گذشتههای دور مقبول عموم مردم بوده است و تصور عامه مردم در مورد خدا فرشتهها و عالم بالا است.

یافتههای بشر درحوزه معنویات طی قرون و اعصار مختلف بیشتر از طریق کتب آسمانی و اقوال وگفتههای اساتید معنویت و عرفان یا پیامبران الهی بوده است که منابع موثقی هستند و در عصر جدید و دوره معاصر ما شاهد کتابهای زیادی در زمینه فرشتهها، اسامی آنها، مأموریتهای شان و طرق برقراری ارتباط و درخواست کمک از آنها برای امور مختلف هستیم.

کتابهای نویسندگان، اساتید و علاقهمندان این حوزه که هرکدام به نوبه خود بخشی از واقعیت یا خرافات ساخت بشر هستند. چون این حوزه قابل تجربه و تحقیق نیست، نمیتوان آن ها را به کلی تصدیق یا رد کرد.

ما سعی کردیم در این نوشتار به سهم خودمان با استفاده تجربیات و یافتههای ما که حاصل از برقراری ارتباط با این موجودات است و تا آنجا که از سوی ایشان به ما اجازه داده شده از دنیای آنها و رازآلودگی این حوزه پرده برداشته و از زبان آنها با شما سخن بگوییم. هدف ما در این کتاب معرفی فرشتهها، پیامهای آنها و راههایی در جهت شناخت این موجودات و برقراری ارتباط با آنها است. هر چیزی که در سطح بالاتر از محدوده

توان بالقوه چشم انسان شروع به ارتعاش و حرکت کند برای ما قابل رویت نیست. مانند سیم‌های یک گیتار یا یک کش ساده که وقتی با شدتی بیشتری نواخته شوند برای مشاهده‌گر به سختی قابل رؤیت هستند.

این موضوع سبب می‌شود که ما دردیدن اشباح، فرشته‌ها و موجودات دیگر که با سرعت و ارتعاش دیگری درحال حرکت هستند ناتوان باشیم آن‌ها را حس نکنیم و برای ما دسترسی به این موجودات تجربه‌ای غریب باشد اگرچه که درکنارما، درهمین بعد مادی باشند. البته ازنقطه نظرغرایز انسانی هر چیز غریبه ای ترسناک است و مخالفت و نفی آن ساده‌تر از کشف و تحقیق در این باب است.

اگر از مردم انگلستان وکشورهایی که غالبا هوای مه آلود دارند سؤال کنید، غالبا تجربه دیدن ارواح و موجوداتی را درهوای مه آلود آن سرزمین داشته‌اند که این به خاطر چگالی، دانسته یا غلظت هوای مه آلود است که دیدن این موجودات را تا حدودی باچشم غیر مسلح عملی می‌سازد.

در ابتدا می‌خواهم بدانید که هرکس در زمین متولد می‌شود، برای مأموریتی به زمین آمده و روحی است که با همراهی فرشته‌های تولد و مرگ، چند ماهی پیش از تولد، به این زندگی که به نوعی کلاس درس او یا صحنه انجام مأموریتش است پای گذاشته و بخشی از پازل زندگی درجهان هستی به شمار می‌رود.

فرد تازه متولد شده در کره زمین، جزئی از هویت انسانی است که خانواده، اجتماع و تفکرات غالب انسانی‌واحساسات و عواطف ودرکل انرژی او راجهت می‌دهند.

یک، دو یا چند فرشته (بسته به مأموریت ونقش او) از نوع فرشته‌های محافظ (که ظاهری شبیه به پری کوچولوهای داستان‌های کودکانه دارند) تا هنگام مرگ او را مشایعت می‌کنند و وظیفه دارند انرژی کیهانی را در هنگام خواب یا بی ذهنی در او تقویت کنند، در مقابل خطرات احتمالی از او محافظت فرمایند و درجای جای زندگی در هنگام خواب و بیداری او را از طریق شهود، درامور مربوط به مأموریتش یاری رسانند، خود این فرشته‌های محافظ که از آن‌ها نام برده شد تحت آگاهی میکائیل مقرب عمل می‌کنند.

از آنجا که هوشمندی خلاق، آفرینش را براساس رنگها، اعداد وحروف (مثل کدهای صفر ویک در سیستم برنامهنویسی هوش مصنوعی انسانها) آفریده است، پس هر رنگی میتواند انرژی خاصی را ساطع کند و هرحرف وعدد قدرت وکدی خاص در نظام خلقت داشته باشد.

فرشته‌ها

فرشته‌ها موجوداتی هستند که دارای ارتعاشی بسیار فراتر از جهان مادی هستند. هم بدین جهت هست که از دسترس تجربه حواس و دید ما مخفی هستند ولی به سبب مأموریت واشتیاق‌شان به روح الهی و گوهر درون انسان‌ها وجهان به ما نزدیک‌اند وپیرامون ما حضوری فعال دارند.

آن‌ها موجوداتی فاقد کالبدی خاص، شکل بخصوص، قوه تفکر، استدلال، تجزیه تحلیل، داوری و قضاوت، ساخته شده از جنس آنچه که ما آن را انرژی می‌نامیم هستند. هریک از فرشته‌ها برای ایفای نقش و مأموریت خاصی آفریده شده و دارای طیف خاصی از رنگ، انرژی و قدرت تأثیرگذاری درحیطه وظایف محوله هستند. آن‌ها هیچ خواسته‌ای ندارند و طبقه بندی، مقایسه و تنوع وظیفه‌طلبی برای آن‌ها بی‌معنا است.

به عنوان مثال هیچ فرشته‌ای آرزو نمی‌کند مأموریتش با فرشته دیگر عوض شود و فرمانده یا مقام بالاتری را هم نمی‌شناسند. (تقریباً شبیه به ربات‌هایی که توسط ما

انسان‌ها برنامه ریزی شده‌اند). آن‌ها به مانند یک درخت یا زنبور عسل دارای پروگرام و برنامه‌ریزی اولیه هستند و بر اساس خط رسالتی که دارند، کاملاً غریزی عمل می‌نمایند. تنها احساساتی که آن‌ها دارند شادی، عشق و شور وشوق است چون اساساً از انرژی الهی مبدا تقویت و شارژ می‌شوند و توسط هوشمندی کل هدایت می‌گردند.

برخلاف تصورات ما انسان‌ها، هیچ قدرتی مافوق ماورایی درجهت نمود یا تغییر عنصری درجهان ماده ندارند و درحیطه مأموریت‌شان با اذن و اراده خداوند حرکت می‌کنند.

چون از جنس عشق، نور، آگاهی و انرژی هستند، جاری هستند و چون قالبی ندارند به هرشکل و هر قالبی می‌توانند درآیند. (منظور قالب مادی و قابل لمس و دید نیست) آن‌ها می‌توانند در یک لحظه در چندجا باشند یا درهمه جا حضورداشته و اثر بگذارند اما نه اثری مادی بلکه در حیطه قوانین و شرح مأموریت شان.

نکته قابل توجه اینکه در جهانی که ما می‌شناسیم و در ابعاد بی‌نهایتی که حیات به اشکال دیگر درآن‌ها جریان دارد بی‌نهایت فرشته حضور دارند و ایفای وظیفه می‌نمایند تا تعادل برقرار و تعامل ها پایدار بماند.

آن‌ها حافظه ندارند، به هیچ عنوان به سابقه و اطلاعات حیات هیچ موجودی دسترسی ندارند و همچنین توانایی و خواست نفوذ در حیطه انرژی هیچ موجود دیگری را ندارند و درعشق و صلح کامل به سر می‌برند، برای آن‌ها خواب وخستگی بی معنا است و جهان را به شکلی دیگر و در بعد آگاهی و حضوری دیگر درک می‌کنند که از حیطه فهم و آگاهی ما خارج است. آن‌ها نیز به مانند ما تولد و مرگ دارند. اما از نظر آن‌ها و برطبق گفته عزراییل مقرب فرشته تولد ومرگ، اساساً هیچ مرگی وجود ندارد و هرچه هست تولد است و تنها موجودی که حیات جاودان دارد و تا آخر چرخه حیات حضور دارد انسان است. (هرچند که چرخه زندگی نیز بی‌نهایت است) آن‌ها هم از صورتی از انرژی به حالتی دیگر در می‌آیند. اگر از آن‌ها بپرسید هیچ ماده‌ای وجود ندارد و همه چیز انرژی است و از آنجا که انرژی بر انرژی اثر می‌گذارد همه چیز برهمه چیز اثر می‌گذارد.

آن‌ها در حس رهایی کامل و با تمام وجود در جهان حضور دارند و ازدواج و وابستگی، تنبلی و دلتنگی برایشان بی‌معناست. یک بار از فرشته مقرب رازیل پرسیدم ما را به چه صورت می‌بینید؟ او یک حباب مثل حباب صابون بزرگ درست کرد که شکلی شبیه تخم مرغ وارونه داشت وگفت شکلی از انرژی، اما هرچه شما پاکتر وخالص‌تر بشوید این انرژی شفاف‌تر و درخشنده تر است. (البته فرشته‌ها کلامی نمی‌گویند، لب نمی‌زنند و به مانند یک انسان صحبت نمی‌کنند فقط برای انتقال پیام، دست‌ها یا سرشان را حرکت می‌دهند و منظور فرشته از طریق چیزی شبیه به ارتباط تله پاتیک و بسیار فراتر و سریع‌تر از آن به من می‌رسد.) از آنجا که آن‌ها دسترسی کاملی به هوشمندی کل ندارند پاسخ پرسش ها در اصل به اذن خداوند و از طریق هوشمندی آفرینش دراختیار ایشان قرار می‌گیرد.
باز پرسیدم چطور متوجه می‌شوید که ما خواستار حضور و ارتباط شما هستیم و او به نقطه درخشانی در آن حباب صابون اشاره کرد و عرض کرد ما فقط این نقطه را ردیابی می‌کنیم. این نقطه هدایت‌گر ما دریافتن و پیوستن به مکان و زمانی است که شما درآن قراردارید. نقطه هرکس با دیگری فرق دارد و ما از دیدن یک انسان و ارتباط با او به وجد می‌آییم.
نکته‌ای که نباید از آن غافل شویم این که آن‌ها اگرچه ذهن و حافظه ندارند اما به محض برقراری ارتباط با ما، به سوابق و آرشیو اطلاعات ارتباطات قبلی شان با ما دسترسی پیدا می‌کنند و این تحت درایت و نظارت هوشمندی دقیقی است که جوهره خلق این جهان است و ما آن را آگاهی خلاقانه هستی می‌نامیم.
در تولد، مرگ و در ریزترن و دقیق ترین حالات، حرکات، افکار و زمان های ما فرشته‌ای حضور دارد، فرشته‌ها نسبت به ما بی‌نهایت با خضوع و احترام برخورد می‌کنند وگاهاً به ما تعظیم کرده و ما را تشویق به انجام کارهایی می‌کنند که برای رشد وجودی‌مان و انجام بهتر مأموریت‌مان لازم است اما به هیچ عنوان مسیر جدیدی در زندگی‌مان نمی‌گشایند در تصمیماتی که می‌گیریم دخالت نمی‌کنند و ازما نمی‌خواهند کارهای فیزیکی انجام دهیم، رابطه‌ای راترک کنیم، شغل مان را رها کنیم و...

چون این امر با اصل و قانون اختیار و آزادی که مبنا و شالوده وجود ما انسان‌ها است، در تناقض است.

نخستین قانون در آفرینش انسان ،آزادی و اختیار بوده است، در تمامی کودکان این غریزه به صورت کامل حضور دارد و قابل لمس است و این به سبب روح الهی است که در هرجهتی نامحدود و گسترش پذیر است، هم بدین جهت است که در کتب آسمانی از روز پرسش و پاسخ سخن به میان آمده است.

تحقیقات نشان داده که هاله انرژی بدن انسان در هنگام مدیتیشن، خواب و استراحت کامل، پیاده روی درطبیعت، شنا کردن و زمانی که خیلی شاد هستیم یا عشق می‌ورزیم، می‌رقصیم، بخشش می‌کنیم، عبادت خالصانه داریم و به دیگران کمک می‌کنیم یا اینکه کارهای نیکو انجام می‌دهیم شارژ می‌شود. این امر از طریق هدایت انرژیکی فرشته‌های محافظ ما از منبع انرژی هستی صورت می‌گیرد.

در حالت فرکانس پایین خشم، افسردگی، بیماری و در حالت ترس و اندوه زیاد، ما نادانسته انرژی را به شکل پارازیت ساطع می‌کنیم که مانع دسترسی فرشته‌های محافظ است و آن ها در دسترسی به هاله انرژیکی ما و انتقال انرژی و شارژ مجدد آن ضعیف تر عمل می‌کنند. بدین جهت است که انسان عادی بدون خواب دوام نمی‌آورد ولی بدون آب و غذا می‌تواند تا چند روز یا هفته روزگار بگذراند.

جریان شارژ انرژی کیهانی برای انسان‌هایی که مثبت‌نگر، ساده و صادق و با ایمان هستند، استرس و مشغله کمی دارند، حس تسلیم و رهایی نسبت به زندگی و امور دنیوی دارند، عاشقانه‌تر زیست می‌کنند و پیوسته شاد و سرخوش‌اند مثل اینترنت با پهنای باند و سرعت بالا و برای گروه مخالف این صفات وخصوصیات مثل اینترنت باپهنای باند کم و با پارازیت بسیار ضعیف عمل می‌کند.

نکته حائز اهمیت این که خوردن غذاهای ناسالم، قهوه، سیگارکشیدن، استعمال مواد مخدر و زیاده روی در مصرف مشروبات الکلی و همچنین بیماری‌های مختلف سبب آن می‌شود که سطح ارتعاش ما پایین بیاید، هاله انرژیکی ما کوچک وکوچک‌تر شود و

ارتباطمان با منبع انرژی کیهانی یا همان انرژی حیات و به تعبیری انرژی "چی" کمتر و کمتر شود که این امر باعث می‌شود که درست به مانند یک شوالیه بدون زره و سپر در صحنه نبرد بی‌دفاع باشیم، دچار آلودگی انرژیکی شویم و به راحتی تحت تاثیر و در دسترس نیروهای اهریمنی و انرژی‌های دون قرار گیریم و یا از طریق دیگران دشارژ بشویم.

این موارد، زمینه کم خوابی، انزوا، تنش بیشتر، خشم وخشونت، ارتکاب جرم و جنایت و انواع بیماری‌های روانی را در ما انسان‌ها فراهم می‌کند.

تصویری که من از فرشته‌ها می‌بینم به صورت یک انسان کامل که بتوان چهره و اجزای آن را تفکیک و تمیز داد و شناخت نیست، تنها قالب صورت وچشمان ایشان به صورت خیلی محو اما درغایت زیبایی و درخشش برایم قابل مشاهده است. اندامی شبه انسانی و بال‌هایی به شکل عقاب و سایرپرندگان دارند.

درحین ارتباط تنها سر، انگشتان یا دستان‌شان را درحین گفتگو تکان می‌دهند و مفاهیم با سرعتی فوق العاده به ذهن من القاء می‌شود و سیل کلمات و افکار به ذهن من می‌رسد، صحبت‌ها و خواسته‌های من نیز به همین شکل به طرف مقابل القا می‌شود، کافی است به چیزی فکر کنم و یا آن را تصور کنم و بلافاصله پاسخ داده می‌شود، چیزی که در این نوع ارتباط منتقل می‌شود صرفاً آگاهی شعوری است. البته فرشتگان به من گفتند که ما از طریق قلب با تو صحبت می‌کنیم و توانایی‌های قلب شما انسان‌ها خیلی بیشتر از ذهن‌تان است.

این حقیقت که ما در هر ارتباط فرشته‌ای را به شکل مرد یا زن و با لباس و تیپ خاصی می‌بینیم، به این جهت است که آن‌ها می‌خواهند برای برقراری ارتباط با ما با آن شکل جلوه کنند تا ما بهتر بتوانیم به آن‌ها اعتماد کرده و پیغام هایشان را دریافت کنیم در اصل این شکلی است که هوشمندی به آن فرشته القا می‌کند و درحالت عام وکلی آن‌ها بی‌شکل‌اند وجنسیتی ندارند.

همانطور که یک منشور، رنگ را به طیف های خاص تقسیم می‌کند، آن ها نیز از طیف رنگ سفید نبوی خالق، در تمامی رنگ‌ها تجلی یافته‌اند، ولی اینکه بگوییم رنگی که ما دیده و می‌شناسیم از جنس رنگ‌ها و انواری که مادر جهان مادی دیده‌ایم نیست بلکه رنگ ساطع شونده از آن‌ها بی‌نهایت شفاف‌تر، زیباتر و دلنوازتر از این طیف رنگی است که ما به آن‌ها رنگ اطلاق کرده‌ایم.

تاحدی که اگر بتوان یک بوم نقاشی کوچک با آن کیفیت و وضوح کشید، هر بیننده را شیدا و شیفته خود خواهد کرد حتی ممکن است بسیاری از دیدن آن منظره بدیع مدهوش شوند و هوش از سرشان برود.

من فرشته‌هایی را به صورت کودکان لخت موفرفری (دقیقا شبیه نقش نگاره‌های سقف ودیوارهای کلیساها) که ما آن‌ها را کروبیان می‌نامیم و اساساً متوجه نشدم که به چه رو اینگونه هستند و مأموریت آن‌ها چیست یا به شکل فرشته‌های محافظ با شکل پری‌های داستان‌های کودکانه با همان چوب های جادو در دستشان با موهایی فرفری یا صاف، بیشتر درقالب زنانه با اندازه‌ای درحدود ۲ تا ۴ اینچ دیده‌ام. فرشته‌های مقرب اما دارای انرژی فوق العاده بودند و در پیکره‌هایی چون پیکره خدایان یونان باستان یا فیلم‌ها و انیمیشن‌هایی که از این خدایان دیده‌ایم به‌شکل زن یا مرد با قامتی عظیم الجثه و گاه در حدود ۴ تا ۶ متر و بیشتر یا گاهی با پیکری همچون آسمان خراش‌ها تا آسمان کشیده شده دیدم.

این فرشته‌ها دارای انرژی چنان قوی هستند که اگر به یک فرد که قبلاً ظرفیت سازی نشده نزدیک شوند، ازشدت عشق و انرژی دریافتی قالب تهی می‌کند و روحش به سمت فرشته به پرواز درمی‌آید ویا مجنون و شیدا می‌شود. به مانند این است که جریان انرژی الکتریکی با شدت جریان بالا وارد یک لامپ شود بدیهی است که لامپ ظرفیت ورود همچین جریانی را ندارد وآسیب می‌بیند. فرشته‌هایی در ابعاد طبیعی یک انسان و کوچکتر حتی تا ۱۵۰ تا ۱۶۰ سانتی متر نیز ظاهر می‌شدند و این تنوع خیلی برایم جالب بود.

دیدن چند فرشته درکنار هم اتفاقی بود که بندرت پیش می‌آمد و در هنگام ارتباط با ما به صورت انفرادی حضور می‌یافتند. در ابتدا با فاصله‌ای چند متری از محل استقرار ما و بعد ازگذشت مدتی از اولین ارتباطات وظرفیت‌سازی در وجود ما، گاه پیش می‌آمد که با نزدیک شدن به ما، دست بر سر و صورتمان می‌کشیدند یا گاهی سر یا صورتمان را بوس می‌کردند.

گاه با نزدیک شدن بعضی از آن‌ها بی‌اختیار بدنمان دایره وار به گردش در می‌آمد ویا شبیه بعضی کودکان عقب و جلو می‌شد. بدیهی است که حس عشقی که تجربه می‌کردیم نیز با هیچ واژه‌ای قابل وصف نیست.

ارتباط با فرشتگان

از آنجا که فرشته‌ها و نیروهای نوری و معنوی پرتوهای انرژی هستند، بسیار مشتاق یاری به ما هستند و روح الهی ما برای آن‌ها مقدس و محترم است، هرگاه خواهان ارتباط هستید و به محض درخواست شما حاضرمی‌شوند.

(مطابق قانون طلب، شما حتماً باید طالب باشید و مشتاق دریافت) تنها به اذن خداوند و با هدایت او است که این ارتباط شکل می‌گیرد.

هرچند فرشته‌ها از جانب خالق، سرشته شده از سرچشمه انرژی و عشق الهی، مأمورهستند تا درخدمت شما باشند. و به شما در رشد و پیشرفت و لذت بردن از زندگی مادی‌تان کمک کنند، اما تا زمانی که با پاکی وخلوص و شفافیت روحی، روانی و قلبی برای ارتباط با آن‌ها گام برندارید و از آن‌ها درخواست نکنید، هیچ نشانه‌ای از آن‌ها نخواهید یافت و این هم به امر پروردگار یکی از قوائد جهان هستی است که به آن (قانون درخواست) اطلاق می‌شود.

احساس و انرژی شما مهم است. شما برای تعامل و ارتباط با هرموجودی لازم است با آن وجود تا حدودی هم فرکانس شوید. فرض کنیم سطح فرکانس مبدأ آفرینش را ۱۰۰واحد درنظر بگیریم، انسان معمولی مشغول عالم طبیعت ۵۸ و درحالت بیماری یا مصرف مواد مخدر ۴۸، انسان‌های معنوی و تعالی یافته مانند قدیسان، عرفا و پیامبران

۶۸، فرشته‌ها دارای سطح ارتعاشی ۷۰ و موجوداتی در عوالم و ابعاد بالاتر تا سطح ۹۰ هستند. انرژی‌های دون و اهریمنی در سطحی پایین‌تر ازعدد ۴۸ از لحاظ فرکانسی قراردارند زیرا به سبب مأموریت‌شان از دسترسی محدود به عشق الهی و انرژی کیهانی برخوردارند.

خود ما با رفتن به حالت خلسه در مدیتیشن به صورت دو نفره دست دردست یکدیگر ارتباط می‌گرفتیم، گاه اتفاق می‌افتاد که یکی از ما به دلیلی ناخوش بود و اوضاع واحوال خوشی نداشت یا سطح عشق و انرژی‌مان کمتر از همیشه بود و درآن مواقع حتی تا چند روز هیچ فرشته‌ای به نزدمان نمی‌آمد. برای ارتباط با فرشته‌ها ابتدا باید خواست و اراده قوی داشته باشید و سپس بی‌نهایت عشق و ارتعاش وجودی و شفافیت و پاکی حضورتان را بالا ببرید و مانند کودکان بی غل وغش باشید برقصید، هلهله بزنید و شادباشید، خداوند را بخوانید و از همه خطاهای گذشته صمیمانه استغفار کنید، سپس به مراقبه بنشینید و به کرات اسم فرشته مورد نظر را صدا‌کنید (البته ۳ بار از نظر آن‌ها کافی است) مهم است که در این کار جدی باشید و هیچگاه به تمسخر نام فرشته‌ها را برزبان نیاورید. بهتر است که در طول روز و در همه حال درخواست‌تان را در یک کاغذ نوشته و در کنارتان یا درجیبتان بر روی قلبتان با خود داشته باشید و بارها از روی آن بخوانید تا انرژی حاصل را با تمرکز و قدرت بیشتری بفرستید.

دقت کنید که درخواست‌تان بایستی از سر نیاز و با احساس و اخلاص کامل و درحیطه وظایف کارگزاری همان فرشته باشد که از او درخواست کمک دارید، ایمان واعتقادتان اما باعث می‌شود که درخواست‌هایی قوی تر بکنید و دریافت جواب برایتان در یک لحظه یا یک آن صورت گیرد. توجه داشته باشید که باید صریح باشید، مصرانه بخواهید، آنچه می‌خواهید خیر و خوبی دیگران را نیز شامل شود و به رشد شما در جنبه های مختلف کمک کند.

از انرژی جمع غافل نشوید، در کتاب‌های مقدس آمده است که هرگاه دو نفر از شما برکاری متفق شوند نفر سوم خداوند است، در همه متون الهی به دعای جمعی و طاعت، عبادت و خواست جمعی بسیار سفارش شده است. وقتی که منبع انرژی از دو به سه گسترش می‌یابد، میزان انرژی بیشتر از یک واحد تقویت می‌شود و همینطور در مورد انرژی جمع بگوییم که با یک جمع از انسان‌های با ایمان می‌توان هرچیزی را متجلی ساخت.

البته ما در حالت عادی تنها قادر هستیم با فرشته‌هایی ارتباط برقرار کنیم که واسطه فیض الهی به جهان مادی هستند. این گروه فرشتگان پیوسته درحال ارسال عشق و انرژی خود در حیطه جهان ما هستند و برای طالبان و مشتاقان حضورشان در دسترس‌اند.

محل ارتباط

محل ارتباط شما بهتر است جایی در طبیعت باشد، جایی که به شکل دایره ساخته شده، دور تا دورش را درختان محصور کرده‌اند و به دور از سر و صدا و غوغای آدمیان است تا بتوانید با تمرکز بیشتری ارتباط بگیرید و بهتر از محیط انرژی بگیرید. می‌توانید درکنار رودخانه یا دریاچه یا دریا نیز بنشینید و مراقبه کرده از فرشتگان الهی انرژی، عشق و آرامش بگیرید. کوهستان ها و بیابان ها هم مکانی بسیار عالی برای ارتباطاتی از این نوع است، بسته به مکان زندگی‌تان می‌توانید در طبیعت اطراف آرام بگیرید و از فرشتگان نور و عشق و آگاهی بطلبید.

زمان ارتباط

هرچند در ابتدای ارتباطات لازم است که در طول روز خصوصاً هنگام طلوع و یا غروب خورشید با فرشتگان هم ارتعاش شوید ولی پس از اینکه احساس کردید می‌توانید به خوبی در این کار پیشرفت کنید، ارتباطات شبانه هم میسر خواهد بود.

چه اتفاقاتی برای شما خواهد افتاد؟

اگر به معنویات علاقه‌مند هستید و درکنار زندگی مادی خواهان رشد معنوی و افزایش درک و سطح آگاهی‌تان از قوانین آفرینش هستید، شما دارای روحی فرزانه هستید که به شما انگیزه رشد می‌دهد و این یک موهبت دیگر برایتان است. هنگامی که در ارتباطات‌تان مسر باشید و به صورت منظم به آن بپردازید پس از مدتی آرامش، حس امنیت، عشق و روابط‌تان بهتر و بیشتر می‌شود و درک و آگاهی‌تان از گذشت زمان و قواعد حاکم بر جهان هستی بالاتر می‌رود، پذیرش‌تان بیشتر می‌شود و رویاهایی می‌بینید که سرشار از حس عشق و اتصال به منبع است.

پس از آن به اعداد تکرار شونده، مطالبی که حاوی آگاهی است و به هر صورتی به شما می‌رسد و به فرصت‌ها و چالش هایی که زندگی در اختیارتان می‌گذارد، بیشتر و بهتر توجه می‌کنید و به سادگی از این نشانه ها و سرنخ‌ها نمی‌گذرید تا مسیر رشدتان هموارتر گردد.

سعی کنید کاغذ و قلمی همراه‌تان داشته باشید و رویاها و اتفاقات زندگی‌تان را ثبت کنید و سپس در خلوت‌تان به مرور و نکته سنجی از آن‌ها بپردازید. توجه داشته باشید که فرشتگان همزمانی‌ها را بوجود می‌آورند و به هرطریق از شما دعوت می‌کنند تا بیشتر به آن‌ها نزدیک شوید، در ابتدایی ترین سطح ارتباط، ممکن است فقط سطح انرژی و نشاط‌تان بالاتر رود و حس آرامش و عشق بیشتری کنید، احساس تنهایی، استرس‌ها، تضادها، ناراحتی وآلام‌تان رخت بربندند.

سپس ممکن است بارقه‌هایی از نور ببینید و آن‌گاه در دوره‌ای که کاملاً به شما و استعداد، خواست و اراده‌تان بستگی دارد، ممکن است نور و انرژی سفید و بنفش و سپس طیف‌های رنگی دیگر را ببینید یا حس کنید،که علامت بازشدن چشم سوم شما یا همان درگاه ارتباط با کائنات است. این حتی می‌تواند به دیدار شبه گونه فرشتگان تا دیدن کامل

آن‌ها با چشمان بسته یا باز نیز بی‌انجامد که برای معدودی از افراد با قدرت روحی و استعداد مدیومی این امر محتمل تر است.

در بخش بعدی کتاب به معرفی مختصری از فرشتگان و پیام‌ها و مأموریت‌های آن‌ها می‌پردازیم، چیزهایی که می‌خوانید بخش کوچکی از ارتباطات مان با این موجودات بی‌نهایت دوست داشتنی و پیام‌هایی از این موجودات به ما انسان‌ها است. غالب این فرشتگان از دسته فرشته‌های مقرب و واسطه فیض به جهان مادی هستند و از آنجا که عالم وجود در بی‌نهایت ابعاد و بی نهایت اشکال گسترده شده و هوشمندی خالق بر آن احاطه کامل و نظارت دائم دارد، بی نهایت فرشته و مأموران و کارگزاران در این گستره موجود هستند و به هستی خدمت می‌کنند.

فرشته‌ها با شما سخن می‌گویند

فرشته مقرب گابریل (جبرئیل)

بر اساس گفته‌های گابریل او یکی از اولین کارگزاران و فرشتگان درگاه الهی بوده و مأموریت او پیام‌آوری، حفظ و ارتقای آگاهی و هوشمندی جهان و بالابردن سطح هوشیاری و آگاهی‌های معنوی درتمامی ابعاد وجود در جهان هستی است.

پیرمردی بلند بالا با موها و محاسنی سپید و بلند شبیه به شخصیت گندالف در ارباب حلقه‌ها از اوایل ارتباطمان با فرشته‌ها، بارها به نزد ما آمد. او بال‌هایی بلند وکشیده مثل بال های قوها، با تالولو رنگ خیره کننده زرد تیره داشت و عشق و انرژی فراوانی که ازخود ساطع می‌کرد، او از دیگر فرشته‌ها متمایز بود.

گابریل مقرب بسیار مهربان و خردمند و فرزانه است هرگاه که در مورد آگاهی و دانش از فرشته‌ای سؤال می‌کردیم، با لبخندی از ما می‌خواست تا آن را از گابرییل بپرسیم و به نظر می‌رسد که برای هر پرسش، پاسخی ژرف و عمیق دارد.

او با ما این چنین سخن گفت: شما انسان‌ها مثل بچه‌های من هستید و به طور کل بنی‌آدم اگر بداند وآگاه باشد بعد از خداوند به ما فرشتگان سپرده شده است و این چیزی هست که به شما می‌گویم تا هدایت شوید و راه را پیدا کنید. من برای همه پیامبران پیام‌آوری بودم ازجانب خداوند، پیام من برای شما این است خدارا بسیار یادکنید، بگویید نور الهی درتمام طول امروز با من است.

خداوند در یک نقطه حضور دارد، یک نقطه چقدر است؟ نقطه‌ای که بسیار کوچک است را درنظر بگیرید، او در آن نقطه و درتمامی جهان حضوری مطلق و همیشگی دارد، می‌تواند تا گسترده‌ترین چیزی که در دنیا می‌توانید در ذهن‌تان بیاورید گسترده باشد، چقدر می‌توانید گستردگی را تصور کنید؟ ذهن‌تان نمی‌تواند خیلی چیزها را گسترده کند درصورتی که گستردگی بی‌نهایت است.

منظور از نقطه، نقطه عطف زندگی‌تان است و آن نقطه عطف را که پیدا کنید، به همه گستردگی‌ها پی می‌برید. همیشه به آن نقطه آگاه باشید، من می‌گویم نقطه اما عظمتی در آن هست.

عظمت الهی نهایتی ندارد، اگر می‌خواهید به این عظمت پی ببرید، راه کارهایی که از منابع فرشتگان برای شما می‌آید دنبال کنید و این ها دقیقا دستورات الهی است، فقط به چیزهایی که به شما گفته می‌شود عمل کنید او را در زندگی خود حضور دهید و خداوند به شما مشتاق‌تر است.

خداوند در یک لحظه زندگی‌تان را دگرگون می‌کند. سردار باشید، سلطان باشید اما مغرور نباشید. جامی را سربکشید که در آن حقیقت است اما نه هر جامی را صفتی که باید در خودتان تقویت کنید وفاداری است، شما سلطان هستید. حس کنید که برتخت پادشاهی نشسته‌اید وفادارید و حرکت تان درست است. خداوند هنگامی که می‌گوید باش پس می‌شود، هرچیزی که اراده اش است به وجود می‌آید. خداوند آنقدر قدرت دارد، صلابت دارد و آنقدر پاک هست که به هر چیزی بگوید باش بی‌درنگ هست می‌شود و هرچیزی که اراده‌اش بشود به وجود می‌آورد.

شما نیز به مانند قادر بی همتا خالق هستید، شما باید اینقدر سطح تان بالا رود تا خالق شوید، سطح ارتعاشی و یا فرکانسی شما باید هم سطح نیروی الهی شود، کافی است به زمان سوار شوید یعنی زمان را حس نکنید، درگیرش نباشید و رهایش کنید، سخت نگیرید، آزاد و رها باشید، صالح باشید و درهمه چیز خدا را ببینید، با همه کس و همه چیز درصلح باشید.

سعی کنید بیشتر گیاه‌خواری کنید و سبزی بخورید، تغذیه سالم‌تری داشته باشید و آب بنوشید تا سبزینگی وجودتان بیشتر شود. هرچه که می‌خورید را ببویید، بدانید اواست مگر نه اینکه در هر ذره‌ای است، او را ببویید راه دور نروید او همین جا است. ملکوت نزدیک است، آن درنزد شما است، آن است حضور فقط آن.

چقدر سخت گذشت ولی آسان می‌شود. رنگی رنگی رنگی می‌شود، باور کنید در دست شما است هر آنچه که بخواهید، بخورید، بیاشامید و هرروز سلامش کنید، راهی است طولانی اما همین جا است. سکان هدایت خود را به خدا بدهید

و بسپارید. حال که کشتی وجودتان در دست اوست آسوده و رها باشید، او نزدیک نزدیک است،ب بینیدش هرچند نادیدنی است.

شما نیروهای زیادی را از آن بالا می‌گیرید و نیروهای بسیار زیادی را از پایین یعنی از زمین می‌گیرید و همیشه در مقابل هردو تسلیم باشید،آگاهی خیلی زیادی در مورد صفت تسلیم داشته باشید. به شما می‌گویم که در مقابل آسمان ها و زمین و خداوند و خلقتش تسلیم باشید، این‌ها پیام‌های الهی بی نهایتی برای شما دارد، این‌ها هرروز دارند به شما پیام می‌دهند و هدایت تان می‌کنند.

بگویید من برهمه چیز آگاهم، سراسر امروز، نور الهی همراه من است، هنگامی که می‌گویید من آگاهم، حس کنید سیم‌هایی به شما متصل می‌شود، حال این جریان سیم‌ها را به همه جا متصل کنید و جریان‌هایی که به همراه نور الهی به سمت‌تان می‌آید با نگاهی جدید ببینید. تغییر بینش بدهید و با بینشی جدید همراه شوید. به شما توصیه می‌کنم برای اینکه حس اتصال و برقراری ارتباط شما همواره باشد، بسیار روی این مبحث من آگاهم کارکنید و مرتب برای خودتان تکرارش کنید. آگاهی انسان می‌تواند در یک لحظه متحول شود.

تک تک شما پیام آور هستید. جمله من آگاهم را بسیار زیاد تکرار کنید، فراموش نکنید فقط از طریق آگاهی است که قدرت ادراکی شما بالا می‌رود، حس کنید از یک سیاره دیگر آمده‌اید، ذهن تان را از اعتبارات و شناخت‌ها خالی کنید و هرچیزی را دوباره ببینید. دوباره کشف کنید، کودک شوید، کنجکاوی کنید، ساده زندگی کنید و پاک بمانید.

انسانی که آزاد و آگاه زیست می‌کند وقتی به دنیای بعدی وارد می‌شود با خیلی قابلیت‌ها می‌رود، این جا نوری هست، عشقی هست که فقط مخصوص این

بعد است. وقتی که رفتی دیگر نمی‌توانی بگویی من نور را نگرفتم بگذارید من برگردم پس تا اینجا هستی به چیزهایی که به تو گفته می‌شود توجه کن، آگاه شو، بخواه و مطمئن باش که به تو داده می‌شود.

همیشه گوشت را برای شنیدن پیام های الهی باز بگذار. می‌تواند همین گوش تو باشد،می‌تواند گوش وجودت باشد بشنو و تأمل کن. چرا امروز این اتفاق، این جریان و این پیام برای من آمد؟ حتماً این را بپرس و سریعا آن فضا را پاکسازی کن و ازآن رهاشو.

اصلاً به چیزی از قبل فکر نکنید، آنچه باید اتفاق می‌افتد و آنچه باید رها بشود، می‌شود و هیچ چیز به شکلی که شما فکر می‌کنید نیست و نخواهد بود، هیچ وقت اتفاقات به شکلی که شما می‌خواهید پیش نمی‌رود بلکه به آن صورتی اتفاق می‌افتد که در جهان هستی برنامه ریزی شده است و انعکاسش را شما در آن لحظه می‌بینید.

اما ببین پیامش برای تو چه بوده است. می‌توانی این کار را شب‌ها قبل از خواب انجام بدهی بگو می‌خواهم جواب این سؤالم را یا این دریافت را داشته باشم. چه درخواب و چه بیداری جواب مرا بدهید. همیشه طلب داشته باشید. انسانی که طلب دارد موفق است.

می‌پرسی خدا کجاست؟ بگو کجا نیست هرچه ازخداوند بخواهید، خداوند عوامل و شرایطش را برای شما فراهم می‌آورد ولی خیلی خیلی به درگاه خداوند بخواهید، اشتباه انسان این است که نمی‌خواهد و خواسته‌هایی که دارد جزئی هستند. انسان به ارزنی صبر ندارد پس بنابراین می‌گوید این ارتباطی که من با

خدا دارم فایده ندارد چون او چیزی که من فکر می‌کنم و می‌خواهم را به من نمی‌دهد.

وجودتان را یک خانه تصور کنید که می‌توانید هرچیزی را در این خانه جا بدهید یا ازآن خارج کنید. هرچیزی در خانه وجود خودتان است، برای رسیدن به هرچیزی آن را ساده بگیرید، همه چیز خیلی ساده‌تر از آن است که شما فکر می‌کنید.

درمورد عبادت و نماز پرسیدیم، فرمودند که از دید خداوند، مهم نیست شما حتماً نماز بخوانید و یا هر طور دیگری ارتباط برقرار کنید، مهم کیفیت است، کیفیت آن نوع اتصالی که با منبع دارید و اینکه احساس کنید که عبادت شما مثل یک درختی است که درون شما ریشه دارد، اگر از آن نماز یا عبادت و ارتباط به هرطریقی که هست آن ریشه را گرفتی و توانستی رشد کنی و سرسبز بشوی، راه تو همان است وگرنه آن راهی که سبب رشد وآگاهی تو بشود را طلب کن.

همواره خود را باحضور الهی یکی کنید، او با شما همدل وهمراه ویکی می‌شود، او هست و شما بود خود را قوی کنید، دقت کنید هیچ حضوری قوی نمی‌شود مگر این که او بخواهد. بودن درکلام نیست، بودن را باید حس کنید، بودن ریشه‌هایی دارد ریشه هایی که در وجود شما توسط خداوند تنیده شده، اگر این بودن هارا، اگر این ارتباطات را قوی کنید، این زمین به لرزه درمی‌آید.

اصطلاح لرزه زمین یعنی شما به صحبت ها، نجواها وآنچه زمین به شما می‌گوید گوش می‌دهید. کاری که باید بکنید این است که احساس کنید زمین حرکت می‌کند و شما نیز دقیقاً دارید با آن حرکت می‌کنید. زمین یکی از خلقت‌های مهم

وبسیار با ارزش خداوند است. وقتی ارزشش را فهمیدید، می‌بینید که آنجا حضور الهی خیلی قوی است زمین بسیار قوی است.

به شما می‌گویم که حتماً از مادر زمین محافظت کنید و به او احترام بگذارید، مادر زمین یکی از همکاران بسیار قوی ما است، بوی زمین بوی شما است، این یعنی که همان طور که شما بوهایی دارید ویابوهایی راحس می‌کنید، زمین نیز بوهایی دارد. یکی از آگاهی‌هایی که شما می‌توانید بروی آن تمرکز کنید بوی خاصی است که هر قسمت از زمین دارد. زمین به خاطر شرایط خاصی که درآن قرار گرفته، به شما پیام هایی را می‌دهد. متوجه پیام های زمین باشید و به زمین کمک کنید.

اگر همواره کاری که به شما می‌گویم انجام دهید، این نشان دهنده سطوح آگاهی شما است. او دستش را بالا برد و گفت به همین شکل که دست من بالا می‌آید،آگاهی شما هم آرام آرام بالا می‌آید و مفاهیم و حس‌ها برایتان قوی می‌شود.

یک تلنگر قوی باید به انسان‌ها زده شود، این تلنگر باعث می‌شود بدانند چرا به این دنیا آمده اند، تاریخ ۲۵ نوامبر ۲۰۱۸ روزی است که آگاهی جدیدی به تمام هستی (منظورم از هستی تمام آفریده‌های خداوند در هر بعد و هرجهانی است) و تمامی انسان‌ها می‌رسد، بعضی‌ها ظرفیت آن را دارند و می‌توانند این اگاهی را بگیرند و با این سطح جدید هماهنگ شوند و ادامه بدهند و دراین میان بعضی هم ازبین می‌روند ویک سری اتفاقات درکل دنیا می‌افتد.

همه چیز درکنارهم است، برای بدست آوردن صلح ناگزیر جنگ هم باید اتفاق بیافتد، خوبی و بدی وخیر وشر همه و همه درکنارهم باید باشد.

برای شنیدن فایل صوتی مربوط به این بخش بار کد زیر را اسکن کنید

آگاهی بر بال های حقیقت و واقعیت

گابریل مقرب قبری با نشان صلیب بر بالای آن به من نشان داد و گفت به این قبر توجه کنید، این فرد در زندگی‌اش خیلی خدمت کرد، خیلی شفا داد و خیلی کارهای دیگر. اما حقیقت را دنبال نکرد، تنها به بال ظاهری و واقعیت چسبید و پشت پرده هر واقعیتی را ندید که همان حقیقت است.

ما نمی‌توانیم تنها یک بال داشته باشیم. شما دوبال دارید بال حقیقت و بال واقعیت وقتی که از یک بال بیشتر و زیادتر استفاده کنید،آن بال را تقویت می‌کنید و بال دیگر ضعیف تر می‌شود سپس از خداوند طلب کار می‌شوید که چرا ما که در زندگی مان این همه کارها کردیم پس حالا پاداش ما چه می‌شود.

درصورتی که حقیقت را گم کرده‌اید. دنباله رو حقیقت و راه حقیقت باشید و حقیقت را طلب کنید.

پرسیدیم آیا حضرت محمد (ص) یا حضرت مسیح که به آن مقام شامخ رسیدند، این ادراک و خواست و اراده از قبل همراه ایشان بود و برگزیده شده بود یا اینکه چون متفاوت می‌اندیشید، طلب و رفتاری متفاوت داشت، این مقام را بدست آورد؟

فرمودند: بخشی از بار معنوی انسان از زندگی است که از قبل داشته یعنی قبل از تولدش در این جهان مادی و این روح است که خود، خواهان مأموریتش در این جسم بوده و این انتخاب خودش بوده است که به عنوان یک انسان در این زندگی مادی، یک راهنما یا پیامبر باشد یا فردی با قدرت ها و توانایی‌های ویژه و به انسان‌ها کمک کند یا اینکه انسانی بد ذات و بدجنس وشرور بشود. این انتخاب را خودش می‌کند و این از خاصیت مقام انتخاب است که خداوند متعال به انسان تفویض کرده‌اند.

پرسیدم در تکامل انسان درهزاره‌های بعدی، تکنولوژی بیشتر در آگاهی انسان دخیل است یا منبع الهی؟

"قطعا منبع الهی" این قابلیت را در آن مقطع انسان‌ها پیدا می‌کنند البته تعداد کمی از انسان‌ها که می‌توانند با گیاهان و حیوانات و سایر موجودات صحبت کنند، کلاً دنیا در یک چرخه زمان و مکان قرارگرفته و آن چرخه هر صده یا هزاره از زمان زمینی تکرار می‌شود. مثلاً حضرت سلیمان قابلیت‌هایی را داشته و این در چرخه‌های حیات زمینی مجدداً تکرار خواهد شد مثل قصه موسی یا نوح و شخصی می‌شود نوح زمان خودش و این ها صرفاً قصه نیست بلکه اتفاقاتی است که در هر چرخه تکرار می‌شود اما با آگاهی بیشتر و قوی‌تر. شما از ازل بوده وتا ابد هم حضور دارید فرشته‌ها اما دوره‌ای دارند و ما فرشته‌ها آمده‌ایم برای انسان ولی شما انسان‌ها تا بی نهایت حضور دارید اما شکل حیات شما متفاوت از این حیات زمینی است و همه چیز تغییر می‌کند. حتی انسان‌های معنوی مانند عیسی نیز تا زمانی هستند که بشر هست.

البته همین حیات زمینی حتی شکل آن در هزاره‌های بعدی تغییر می‌کند حتی شکل انسان و شکل زمین و انسان‌هایی با خلقتی متفاوت می‌آیند و متکامل‌تر می‌شود، مأموریت انسان‌ها هم به همان نسبت تغییر می‌کند، چون سطح آگاهی انسان هم خیلی بالا می‌رود، هرچه سطح انسان بالا رود فرشتگان دیگری مأمور می‌شوند به انسان کمک کنند.

خداوند را ناظر خود بدانید، این ادراک بر ناظر بودن خیلی به شما در زندگی و خواسته‌های تان کمک می‌کند و شما را رشد می‌دهد، این که ببینید در هر

عمل و هرکاری خداوند ناظر بر شماست، قدرتی به شما می‌دهد تا هرکاری را به راحتی انجام بدهید و هرجا کم آوردید از او کمک بخواهید.

بدانید که او جاری هست وهیچ وقت متوقف نمی‌شود خداوند دائماً با شما صحبت می‌کند، شما نجواهای الهی را به اشکال مختلفی می‌شنوید ولی بی توجه از کنارش رد می‌شوید. وقتی مرکز توجه‌تان را به مرور بیشتر و بیشتر کنید، خواهید دید که او به عناوین مختلف با شما صحبت می‌کند و هیچ لحظه‌ای از شما غافل نیست.

این را نیز همیشه بخاطر داشته باشید که خداوند صبور است وآنقدر صبر می‌کند تا ببیند بنده‌اش چه مسیری را انتخاب می‌کند و به کجا هدایت می‌شود واین که هدفش از بودن چیست و می‌خواهد چکار کند، آنقدر صبوری خدا زیاد است که اصلاً در عالم شما نمی‌گنجد او بی نهایت و به اندازه‌ای که آفریده و خلق کرده به تک تک آفریده‌ها توجه داردپس شما هم مرکز توجه‌تان را به سمتش ببرید و همواره حضورش را احساس کنید تصور کنید که نیرویی از بالا به پایین و پایین به بالا شما را غرق می‌کند همیشه و همه جا او با شما است، صحبت از لحظه است نه لحظه شما، لحظه‌ای بسیار ظریف‌تر، این لحظات ظریف را او دقیقا زیر نظر دارد و به همین دلیل او ناظر است.

این حس حضور و ناظر بودن را درخودتان تقویت کنید تا ادراکات بالاتر را بتوانید تجربه کنید و بعد شاهد این خواهید بود که خانی از نعمت و فراوانی به سمت شما جاری است.

ما خواستیم تا گابریل مقرب از خداوند برکت، عشق و صلح زیادی برای زمین و زمینیان درخواست کند.

"داده‌ها به همین سادگی داده نمی‌شود و یک اتفاقاتی باید بیافتد چون انسان نیاز دارد به این جریان و حادث شدن"

من می‌خواهم شما دنیا را مثل سفره‌ای ببینید که انواع نعمات درون آن هست، هرچه که تصور و فکر کنید و بخواهید. وقتی این همه ثروت و فراوانی در جهان هستی هست پس بنابراین در سفره‌ای که مدنظرتان آن را خواهید دید و از طرفی نعمت‌ها جاری‌اند مثل اینکه می‌بارند هرجایی که هستید هست ولی چرا درجاهایی این بارش کم است؟ بخاطر مردمان آن سرزمین که با افکارشان دنیای شان راخراب می‌کنند، آن فضا را خراب می‌کنند و برکت برای شان دیگر نمی‌بارد شما مردم زمین باید ابتدا ارتباطات‌تان و ارتعاشات‌تان را با عشق و شادی و طلب خیر طوری قوی کنید و بالا ببرید که این بارش و فراوانی بیشتر و بیشتر شود.

میکائیل مقرب

هرگاه درطریق معنوی قدم می‌گذارید بدانید که فرشته‌های محافظ و میکائیل مقرب از شما محافظت می‌کنند کافی است که مثل هر فرشته دیگر، او را سه بار از صمیم قلب صدا کنید یا اینکه گردنبندی با نام یا تمثالی از این فرشته تهیه کرده و هرگاه خواستار حمایت وحفاظت او هستید آن نشان را محکم در دست بفشارید و او را با عشق و احترام بخوانید تا به یاریتان بیاید.

روزی درحین مراقبه موجوداتی سیاه و اشباحی شیطانی به اشکال مختلف مثل زامبی‌ها به سمت ما هجوم آوردند.

فرشته میکائِیل که برای اولین بار بر ما ظاهر می‌شد به شکل مردی عظیم الجثه که شنلی بنفش تیره وکلاهی که به شنل متصل بود داشت و شمشیری بلند و کشیده که به رنگ طلایی بود و چیزی شبیه پرتوهای الکتریسیته درآن جاری بود در دستش داشت. او به یاری ما آمد و با حرکت شمشیر همه آن‌ها را تارومار کرد، حرکتش به قدری سریع بود که گویی در یک لحظه در همه جا بود در شرق و غرب و جلو و پشت و بالای سر ما برقی که از شمشیرش ساطع می‌شد موجودات سیاه و شیطانی را دربر می‌گرفت و محوشان می‌کرد.

این اولین برخورد ما با این فرشته بود، از آن‌روز هرگاه درمکانی تازه مراقبه کرده و خواستار ارتباط با فرشتگان بودیم ابتدا میکائیل مقرب مکان مراقبه را تا کیلومترها پاکسازی می‌کردند.

فرشته‌های دیگر او را میکائیل مقرب فرمانده سپاه فرشته‌های محافظ و نگهبان الهی و مأموریت و وظیفه‌اش را حفاظت از همه موجودات درجهان هستی از طریق تابش پرتو نورسفید و بنفش الهی با کمک فرشته‌های دیگر محافظ و او خودرا فرشته پاکی‌ها، عشق،صلح و رزق و روزی خداوند عنوان نمودند. او تنها فرشته‌ای بود که فقط یک بار با ما سخن گفت و اینکه هیچ گاه با فرشته‌های دیگر همراه نبود.

این فرشته با انرژی و عشق الهی بارها و بارها به ما سپر محافظ دادند (سپر محافظ: هاله‌ای انرژیایی به شکل تور یا پوششی لایه لایه که ارتعاش ما را بالا می‌برد و ما را از دسترس و تعرض انرژی‌های پست و دون محافظت می‌کند.)

پیام فرشته میکائیل به انسان‌ها: دست از تخریب طبیعت بردارید، با انرژی مبدًا همراه شوید، خواهان صلح باشید و بدانید و آگاه باشید که خداوند همیشه و درهمه حال از شما محافظت می‌کند .هرگاه موجودی در طریق تخریب طبیعت و آفرینش وخدمت به نیستی و تاریکی گام بردارد ما فرشتگان ناگزیریم با اذن خداوند آن موجود را از بین ببریم تا از آفرینش الهی حفاظت کنیم.

بدانید که باذن خداوند فرشته ای به نام میکائیل وجود دارد که می‌توانید از او درخواست کنید.

حضورتان را بیشتر کنید اما نه درهیچ جا بلکه در وجود خودتان، بدانید که همه چیز را می‌توان در درون ساخت اما الگوهایی که برمی‌دارید و آدم هایی که در زندگی‌تان هستند، خیلی مهم است و اینکه اگر از انسانی الگوبرداری می‌کنید از سر عشق باشد نه هیچ صفت دیگری.

خودتان را به یک پاکی عمیق وجودی برسانید، وقتی که آن پاکی را احساس کردید، برای سه نفر دعا کنید. یکی از پاکی‌ها خورشید است، او مرتب به شما انرژی می‌دهد و این خود یک الگواست نفر دوم خاک و زمین است، رفاقت با خاک رفاقت دیرینه است و چیزی که شما در این سیاره شامل حال‌تان شده است. زمانی می‌رسد که نسل بشر ناگزیر از ترک این این سیاره که شما در آن زندگی می‌کنید می‌شود وعده کمی درمورد آن خواهند گفت که ما توانستیم در آن زندگی کنیم وآن عده خیلی قلیل‌اند.

خورشید و زمین و سومین نفر چه کسی است؟ شخصی که بدترین است و درعین حال خیلی قدرت‌مند است و از طرف ضلع تاریکی به شدت حمایت وتقویت می‌شود، این شخص آنقدر قدرتمند می‌شود که زمانی نیمی از این سیاره را نابود می‌کند، شما برای این فرد طلب عشق و ارتعاش و انرژی بالا بکنید و ما همراه شما هستیم و نیروهای خورشید و زمین هم با ما هستند تا این فرد را ضعیف کنیم.

فرشته رافائل مقرب یا اسرافیل

از عمیق‌ترین، اولین و قوی‌ترین خواسته‌های ما شفا و توانایی شفادهی و درمان‌گری بود. روزی درحین مراقبه، به ناگهان نور فراوانی به رنگی سبز تمامی محیط را فراگرفت و مردی عظیم‌الجثه با عظمت و شکوه و قدرتی خیره کننده در ردایی بلند که هیئتی به مانند راهبان بودایی داشت ظاهر شد.

فرشته‌ها به ما آموخته بودند که ممکن است موجودات دیگری از ابعاد مختلف در مراقبه‌های شما ظاهر شوند که نیت آن‌ها گمراهی شما و یا نفوذ درهاله‌تان و آسیب زدن به شما باشد، آن‌ها برای جلب اعتماد شما خودشان را فرشته یا موجودی الهی معرفی می‌کنند، این امر ناگزیر اتفاق می‌افتد، برای اینکه مطمئن شوید بخواهید تا سه بار به نام خداوند سوگند بخورند که فرشته هستند و اگر کسی که خود را معرفی کرده نباشند توسط فرشته‌های محافظ شما نابود می‌شوند.

مطابق آنچه که پیش تر از فرشتگان فراگرفته بودیم، سه بار به نام خداوند سوگندش دادیم که ایشان اذعان کرد که ازجانب خدا است نامش رافائل مقرب و مأموریتش را شفا و شفادهی به بیماران ودرخواست کنندگان درهمه ابعاد وجودی، ایجاد سبزینگی و تقویت طبیعت و کیهان از طریق بارش نورسبز الهی عنوان فرمود.

سپس ردایش شروع به گسترش کرد و کل سطح زمین وگویی کل کره زمین را پوشاند.

از ما خواست: همیشه برای تمامی موجودات زمین و ازجمله انسان‌ها بی‌نهایت طلب شفا کنید، با انرژی عشق و از صمیم قلب، هستی را غرق عشق کنید، تنها راه نجات زمین توسط خود انسان‌ها است. بسیار برای مادر زمین دعا کنید زیرا انسان‌ها همواره درحال تخریب این زیبایی ها هستند.

در هنگامه درخواست شفا، بیشتر "انرژی" از خدا بخواهید، بگویید انرژی زیادی به من بده، نگویید درمانم کن یا من را شفا بده.

چون فرشته را در شب قدر ملاقات کردیم در مورد شب قدر سؤال کردیم.

فرمودند: در شبی که شب قدر نام گرفته است، پیامبر خداوند بسیار گریه کرده و از خداوند خواست تا مأموریتش تمام شود و از این عالم برود، در این حالت عمیق اتصال بود که سوره قدر بر او نازل شد و مطلبی که در رابطه با سوره قدر هست این که کل هستی به تمامی و تمامی ادراکاتی که درخلقت هست در این سوره نهفته است و در آن لحظه به پیامبر گفته شد که قدر خودت را بدان.

خود کلمه قرآن که نام دیگرش فرقان هست یعنی جدا کننده حق از باطل، شما چقدر به باطن این جهان و باطن کل می‌توانید پی ببرید وآن را می‌توانید بفهمید؟ اتفاقی که بر پیامبر افتاده و این قرآن را کلا بر او نازل کردند یعنی توانسته است به این کل دست پیدا کند وبه او این ادراک داده شد چون او ظرفیت وجودی‌اش را داشته است و این اتفاق برای شما نیزهر لحظه می‌افتد. این همان است که می‌گویند به خودتان ارزش بدهید و قدر بدانید و یکی از چیزهایی که باعث ایجاد این قدرت در شما می‌شود بحث سپاس گذاری انسان است، وقتی که سپاس گذاری در وجود شما خیلی عمیق بشود به کل هستی در یک لحظه دست پیدا می‌کنید و یک شعف خاصی در کل وجودتان ایجاد می‌شود.

تمام مفهوم سوره قدر در همان کل است وقتی به ادراک کل دست پیدا کنی، دیگر برایت فرق نمی‌کند که کجایی چون هرجا که باشی احساس می‌کنی آنجا وطن تو است منتظر روز یا شب خاصی نباش آن هنگامی که انسان بسیار

سطح انرژی و ادراکش را بالا می‌برد، آن روز یا شب خاص برای تو بوجود می‌آید نه برای خداوند.

برای خداوند هیچ فرقی نمی‌کند توکجایی یا چه وقت روز وشب است، این ها برای تو فرق می‌کند حالا اگر تو با او یکی شوی هیچ فرقی را نمی‌بینی، اصلابرای تو هیچ سردرگمی مثل الان که سردرگمی بوجود نمی‌آید.تو

باید با نفس‌های خدا یکی شوی او در تک تک نفس‌های تو هست و تو هم در نفس های او. او خودش می‌دانست که موجودات این جا از هم جدا می‌شوند و خودش هم می‌داند که دوباره یکجا باهم یکی می‌شوند و آن نقطه جایی می‌شود که انسان‌ها یا هر موجودی قدر خودش را خواهد دانست و می‌داند که برای مأموریتی به اینجا آمده است.

برای شنیدن فایل صوتی مربوط به این بخش بار کد زیر را اسکن کنید

عزرائیل مقرب (فرشته تولد و مرگ)

روزی که نیت مراقبه داشتیم و از کنار گورستان شهر عبور می‌کردیم با دیدن تابلوی ورودی، حسی عمیق از دلتنگی را درخود احساس کردیم، به یاد دوستان و اقوام درگذشته افتادیم و به ناگاه تصمیم گرفتیم که برای ادای احترام و دعا به آرامگاه عزیزان مان به گورستان شهر برویم.

پس از انجام مراسم مخصوص مردگان، برروی یک نیمکت در مقابل قبری نشستیم و مراقبه کردیم، فرشته‌ای که بال‌هایی عظیم داشت و قدی که تا فراز ابرهای آسمان کشیده شده بود، بی نهایت عشق و محبتش را با انرژی قوی به ما عرضه داشت، نامش را که فرشته تولد و مرگ عزرائیل مقرب بیان کرد، اندکی جا خوردیم و از اینکه او برخلاف تصور ما و داستان‌ها و فیلم‌ها و کتاب‌ها چقدر زیبا و مهربان است اندکی احساس شرمندگی می‌کردیم.

او به ما درس‌ها و سخن‌ها و نکاتی درمورد تولد و مرگ گفت و از ما خواست دعایی که برروی یک تابلو نوشته شده بود را بخوانیم و در کلمات آن تامل کنیم. این فرشته‌هاله و لباسی بسیار زیبا به رنگ نقره فام و طوسی داشت و بسیار مهربان و دوست داشتنی بود.

سخن را این گونه آغاز کرد: شما آدم‌ها مثل حلقه‌های زنجیر به هم متصل هستید و هنگامی که جاهایی این حلقه‌ها پاره می‌شود ما فرشتگان تولد و مرگ مأمور می‌شویم پارگی ها را ترمیم کنیم ما مرتب این کار را به خاطر ایجاد وحدت انجام می‌دهیم. وگرنه همه چیز نابود می‌شود.

برخلاف تصورات من قبض روح نمی‌کنم. ما فرشتگان تولد و مرگ، تنها روح را همراهی می‌کنیم که ترس و اضطراب‌اش از بین برود و خروج روح با اذن و اراده خداوند انجام می‌شود و بسیار راحت است.

سه بار صبح و ظهر و شب بگویید: ای خدای مهربان همانطور که تو بر من ناظری من نیز بر تو نظر دارم.

فرمودند: تولد انسان آگاه بر روی زمین همان حضوری برای ترمیم زنجیر وحدت میان انسان‌ها است انسانی که این ادراک را دارد که به جمع آدم‌ها و موجودات باید کمک کند زنجیروار حس یاری را به شکل عشق دادن برساند یا همان ابراز عشق خالص، از سردرگمی ها نجات می‌یابد. شما گفتارم را ادراک کنید به این وسیله به‌وحدت وجودی نیز دست پیدا می‌کنید.

سخن "همه از خداییم و به سوی خدا می‌رویم" از همین جا است و ما در آن هستیم گفتن دنیای بعدی غلط است و تقدم و تأخری نیست.

درمورد اعتقاد به تناسخ پرسیدیم و اینکه آیا تناسخ در جهان رخ می‌دهد؟

خلقت از ابتدا تا انتها همه با هم حرکت می‌کنند خلقت انسان از ابتدا کامل بوده و هیچگاه نمی‌توان گفت ما اول درخت بودیم و حیوان و...بعد انسان شدیم، این گفتار معنایی ندارد و نمی‌توانیم هیچ موجودی را با دیگری قیاس کنیم، هر موجودی بنابر فصلی که آمده (منظور فصل زندگی است) در آن شرایط زمان و مکان وجایگاهی که آمده‌اند و می‌روند، گونه‌هایی از موجودات حتی غیر انسان هم هستند که تا عوالم دیگر همراه انسان هستند.

پرسیدم آیا کمال وجودی و منتهای رسیدن یک انسان همان مقام قرب الهی است؟

در خصوص قرب الی الله، حرکت انسان فراتر از آن است و بیش از این قرب الهی است، هیچ رسیدنی نیست وهیچ آخری وجود ندارد که بگویم به این جایگاه ختم میشود.

آیا عوالم دیگر در این شکل خلقت را خواهیم دید؟ عوالم دیگر در راستای همین عالم است، چیزی جدا نیست و همین جا متوجه خیلی مسیرها میشوید.
بحث تونل یا درگاه همان آگاهی و معراج است در جنبه معنوی وجود وکیفیتی. آیا انسان میتواند در این بعد نیز جاودانه شود؟ مانند عیسی یا خضر

بحث آب حیات و جاودانگی صرف این دنیا نیست و همه جا است.
شما دست یاری به سمت خیلی موجودات از جمله انسان دراز کنید و در زندگیتان یاریگر باشید تا خود را درچرخه جاودانگی قرار دهید و این صرفاً عمر زمینی شما نیست.
ادراک عظمت الهی همان مسیر عشق است در همه چیز و همه کس....

تا چه زمانی زندهایم؟ تا زمانی که مأموریت تان تمام شود در جهان مادی حضور دارید و سپس از این جهان میروید.

عزرائیل مقرب فرشتهای است که میتوانید به راحتی به او اقتدا و از او درخواست کنید تا صبر و تحمل شما را زیاد کند، عشق و امیدتان را زیادکند، بخواهید تا تازه درگذشتگانتان را هدایت کند، اگر در شرف بچه دار شدن

هستید روحی دانا و برگزیده را به سمت تان هدایت نماید. برای برقراری ارتباط با جفت روحی تان و درخواست آمرزش خود و دیگران از خداوند متعال، با او همراه شوید و از او بخواهید تا برای تان دعای خیر کند.

زادکیل مقرب

در ابتدای مسیر معنوی چنان که رسم و عهد ما بود خواسته‌هایمان را می‌نوشتیم. هر روز نامه‌ای به خداوند می‌نوشتیم و از ایشان می‌خواستیم تا به آرزوهایمان جامه عمل بپوشاند، یکی از مهمترین خواسته‌های ما ذهن وحافظه‌ای قوی بود چون براین باور بودیم که قوی‌تر شدن ذهن و توانایی مغزی ما، به رشد آگاهی‌مان کمک می‌کند. روزی دروازه‌ای از نور در آسمان دیدم که برروی زمین در نزدیک ما گسترده شد و مردی با لباسی فاخر و زیبا به رنگ آبی تیره ودرخشان با بال‌های بلندی در اطراف بدنش که هیئتی مانند ثروتمندان قرون وسطی داشت ظاهرشد.

پس از عرض سلام و سوگند به نام خداوند خودش را زادکیل مقرب فرشته مغز وحافظه معرفی کرد مأموریتش را بالابردن سطح ذهن وحافظه و گنجایش ظرفیت درک و تخیل انسان‌ها و کمک به یادگیری، توانایی پردازش و تجزیه و تحلیل ذهن‌ها عنوان کرد. او انرژی زیادی به سمت سروصورت ما فرستاد.

زادکیل مقرب این گونه سخن گفت: شما انسان‌ها باید بدانید که ذهن شما ابزاری است که در تطابق و تعامل با این محیط مادی طراحی شده و در دست یافتن شما به سر منزل مقصود از خلقت و طی مسیر در این دنیای تضاد و تقابل در خدمت شما است.

برای استادی بر توانایی‌های تان از موسیقی و بازی‌های خلاقه و هنر غافل نشوید، ذهن‌تان را درگیر مسائل نکنید سعی کنید با ذهن باز در عرصه زندگی حاضر شوید و عنان ذهن‌تان را در دست بگیرید.

خوردن و آشامیدن به شما انرژی خلاقه می‌دهد تا بهتر فکر کنید، مهم نیست چه می‌خورید، مهم در آن لحظه این است که چه فکر و احساسی دارید و چه انرژی‌ای را با غذایی که می‌خورید همراه می‌کنید.

شما در این جهان وظیفه‌ای خطیر دارید چون سطح هوشیاری شما از دیگر موجودات بالاتر است و خداوند متعال توانایی‌ها و استعدادهایی از وجودش را در شما به عرصه ظهور درآورده است، اینکه شما یاد بگیرید چطور وکجا از آن‌ها استفاده کنید به خودتان بستگی دارد.

من همیشه در کنار شما هستم تا به وجود الهی تان کمک کنم با این ابزار شگرف به مرزهای غیر ممکن‌ها بتازید وهرچه بیشتر با آن ، هرچه را که خواستار آن هستید، طراحی کنید تا خلق کردن و خالق شدن را در این بعد تجربه کنید.

مساله‌ای که هیچ وقت نتوانستیم دریابیم این بود که در مراقبه دیگری به ما شمشیری دولبه به ما داد. شاید او به صورت سمبلیک می‌خواست به ما بفهماند که می‌توانیم از ذهن مان به سود یا بر ضرر خودمان استفاده کنیم یا اینکه درگیر ذهن و مسائل دنیا بشویم و از رشد حقیقی و مسیر کمال غافل شویم، همیشه انتخاب با خود ماست و این زیبایی حضور و زندگی است که این ما هستیم که همه چیز را سروسامان می‌دهیم یا خراب می‌کنیم.

فرشته یوریل مقرب

یوریل مقرب به شکل دختری جوان و زیبا با بال‌هایی وسیع و لباس‌هایی فاخر و چشم نواز که ظاهری پری گونه داشت به نزدمان آمد. بسیار شاد و پر انرژی و زیبا پس از اذعان به اینکه فرشته‌ای از جانب خدا است و به قصد دادن عشق و انرژی آمده، خود را یوریل مقرب معرفی کرد.

این فرشته با هاله نورانی به رنگ زرد روشن و زیبا که دانش و حکمت بسیاری در نور و انرژی خویش دارد، به ایجاد نوعی روشن بینی در وجود انسان‌ها کمک می‌کند یوریل همچنین بینش‌های جدید وخلاقیت را در وجود انسان‌ها افزایش می‌دهد.

یوریل مقرب به ما گفت: قبل ازخواب کتاب‌های مقدس را بخوانید و هرچه بیشتر و بهتر مراقبه کنید، هرچه مراقبه کنید آگاهی‌تان افزایش می‌یابد و دریافت‌های بیشتری خواهید داشت.

حضورتان را قوی کنید و به این حضور توجه کنید. بسیار نکته مهمی است، هر آنچه که بخواهید بیاموزید نیاز به حضوری بسیار قوی در هستی دارید. من می‌خواهم بهترین خودتان باشید این را یادتان نرود.

انرژی قلب همواره جاریست، هرگاه دریافتید کردید که احساسی دارید متفاوت تر از همیشه، اینجا قلب شما نه به شکل فیزیکی، بلکه یک حس بسیار قوی نشان دهنده حضور قوی شما است. انرژی قلب همواره برای شما ارسال می‌شود همانطور که گفتم مهم حضور شما است.

خود شما هم زمان در این بعد هستید و در ابعاد دیگر هم زندگی می‌کنید سعی کنید حضورتان را به ابعاد بالا ببرید این کار به تقویت انرژی قلب‌تان کمک می‌کند. هر انسانی خود متوجه می‌شود حضوری پاک دارد ،خالص دارد یا

ندارد. صورت زیبای شما ثمره عشق شما است و صورت و سیرت یکی می‌شود وقتی آگاهی تان را بر روی شنیدن دقیق تر بگذارید وگرنه آن پیامی که برای تو آمد را از گوش دیگر خارج می‌کنی و هیچ وقت نمی‌دانی برای چه به سمت تو آمد.

تو پای برهنه هم در مسیری و به مقصد می‌رسی اما نیاز به یک راهنما داری. به هوش باش و به گوش، هوشیاری تو راه نجات تو است. آموخته‌ها فراوان به سمت شما می‌آیند لطفاً بر روی هرچیزی که در طول روز فرا می‌گیرید، چه به صورت کلام یا تجربه یا پیامی نوشته‌ای وکتابی از هر منبعی که می‌خواهد باشد، تامل کنید چرا این مطلب برای من آمد؟ چرا آن صحنه رادیدم.

اگر پیامی منفی شنیدی به پیام دهنده بگو برای چه سوگواری می‌کنی برای چیزی که اتفاق نیافتاده؟ و سپس بگو به نوری که بارها و بارها بر زندگی تو تابیده شد و تو آن را ندیدی توجه کن. توخود به تنهایی نمی‌توانستی زندگیت را بسازی قطعا به منبعی متصل هستی حتی اگر آن را فراموش کرده باشی او تو را فراموش نکرده.

انسان اگر این‌طور زندگی کند سطح آگاهیش ارتقا پیدا می‌کند چون یاد می‌گیرد تشخیص بدهد واز قوه ادراکش استفاده کند، تشخیص بدهد که خودش را بالا بکشد و اینکه در آرامش باشد و درتلاطم نباشد، وقتی صفت آرامش را درخودت می‌بینی، سطح آگاهی تو بالا می‌رود وخودت متوجه می‌شوی که پیام‌ها راحت برای تو جاری می‌شود.

کافی است که شما حضور داشته باشید وحاضر باشید.مثل اینکه من تق تق تق در خانه تو رامی‌زنم، تو میدانی که من پشت درم ولی در را باز نمی‌کنی. در

را باز کن نترس وگوش بده، آگاهی ها بسیار ساده هستند فقط گوش به زنگ باش.

آیا بین شما و آسمان فاصله‌ای هست؟ بدانید که هیچ فاصله ای نیست اگر این را ادراک کنید که با او یکی هستید، فاصله‌ای اصلا وجود ندارد و شما در این بیکران غوطه ورشده‌اید و اگر بتوانید به این ادراک غوطه وری برسید رهایی خیلی برای تان ایجاد می‌شود و فاصله‌ها درهر بعدی برای‌تان کمتر می‌شود من فاصله هایی را نمی‌گویم که انسان‌ها اندازه می‌زنند.

می‌خواهم به شما بگویم که غرق بشوید و این غرق شدن می‌تواند معنا را به شما یاد بدهد و معناها مثل نامه‌ای هست که برای شما پست می‌شود من می‌خواهم که پست به پست معناها را بفهمید اصطلاح پست یعنی اینکه پیام می‌آید و به شما داده می‌شود در هرپیام یک قطعه از معنا برای شما گشوده می‌شود مثل اینکه در پاکت نامه را باز می‌کنید و آرام آرام این تکمیل می‌شود.

هر فرایندی در جهان هستی همین شکل را دارد معمولا یکجا داده نمی‌شود وتکه تکه است و هرتکه ای پست می‌شود خود خدا هم این را می‌داند که انسان نمی‌تواند یک جا دریافت کند و هیچ انسانی قادر به دریافت یک باره نیست و فرق حیوانات با انسان این هست که دریافت‌هایشان سالم تر است آن ها فقط قوه عشق را ندارند ولی از آن جا که خیلی صفات انسانی را ندارند به راحتی دریافت می‌کنند و معمولاً هرچیزی در جهان هستی به لحاظ دید آن‌ها زیبا است و ذوق عجیبی برای بودن دارند حتی اگر برای چند لحظه یا چند ساعت‌باشد.

از آنجا که هر موجودی عمری دارد، هیچ گاه اطلاعات به او یک جا داده نمی‌شود و هر موجودی که می‌آید بخشی از اطلاعات را می‌گیرد و به بعدی منتقل می‌کند و بعدی نیز به همین شکل واگر بنا بود کل اطلاعات جهان هستی به یک شکل به موجودی داده بشود جهان هستی برچیده می‌شد وتمام می‌شد وکلا ازبین می‌رفت.

سعی کنید اگر درخواستی از خدا دارید خاص خودتان باشد و شکل خواستن‌تان برگرفته از شخص دیگری نباشد وقتی درخواست چیزی را دارید آن لحظه باور شما و نگرش‌تان خیلی مهم است که چقدر باور داشته باشید که پاسخ می‌گیرید.

هیچ چیزی به شما داده نمی‌شود مگر اینکه علتی داشته باشد و این علت را فقط خود قادر مطلق می‌داند و هیچ موجودی تشخیص نمی‌دهد. حس شما، پایداری شما، ایمان و باور شما در این زمینه خیلی مهم است که بدانید به شما داده می‌شود یا نه و اگر درخواستی داده نمی‌شود بدانید که نباید به آن شکلی که شما می‌خواهید داده شود. این که رسالت هر فرشته با فرشتگان دیگر متفاوت است و هرکدام مأمور در انجام خدمتی خاص شده است و متفاوت از یکدیگر عمل می‌کند حکمتش چیست؟ اینکه هر کدام از ما رسالتی داریم و مأمور شده‌ایم برای آن کار، در مجموع هیچ کدام از فرشتگان مثل شما آدم ها یک نفر نیستند مثلاً یک فرشته را شما می‌بینید ولی مجموعه‌ای از فرشتگان با او هستند و اینکه کار ما طوری است که قطعاً به هم ربط دارد و به یک کلیت وصل هستیم و رسالت ما یک رسالت کلی است.

زمانی که یک فرشته برای شما پیامی می‌آورد آن روز یا آن شب از خدا بخواهید تا نامه سربسته برای شما باز شود و فرشته بعدی پیام را درشکل کامل تر به شما می‌رساند اما بدانید که باز این به خود شما بر می‌گردد.

انسان آن چیزی که در مغزش است و ادراک می‌کند در واقع مثل یک پدیده است که برایش اتفاق می‌افتد و شما باید آگاهی بر قطب داشته باشید قطب زندگی‌تان

احساس خوبی به خودتان داشته باشید و حرکت کنید فقط رو به جلو حرکت کنید و شروع کنید به پروازکردن.

من از شما می‌خواهم که یک تحرک داشته باشید و بسیار برقصید و شاد باشید و بدانید که زندگی پیام ها وشرایط بسیار بسیار زیبایی دارد و این که می‌گویم به قطب زندگی متصل بشوید قطب آن چیزی است که در قلب تو است. آگاهیت را برقلبت بیاور تا آن صفت زیبایی را که می‌تواند در پالس‌های بسیار بالا تو را قرار بدهد، پیدایش کنی. چشمانت را ببند و یک تونل نور را تصور کن که در مقابل تواست سپس از خودت رها شو و وارد آن تونل بشو اگر رها نشوی نمی‌توانی طی طریق کنی خود را زمین بگذار و وارد تونل شو و حرکتت را ادامه بده و طی حرکت سپاس گذاری کن به هر آنچه که فکر می‌کنی و حس می‌کنی در آن حالت از همه آن موارد سپاس‌گذاری کن. سپس در این حس عمیق تر شو و تصور کن شبیه تیری هستی که از چله کمان رها شده است و پیوسته به سرعتت بیافزا.

فرشته جرمیل مقرب

یک روز زیبا درست در هنگام ظهر که خورشید بر بالای آسمان سلطنت می‌کرد، درحال مراقبه بودیم که یک زن زیبا و بسیار باشکوه با پوششی به رنگ قرمز مایل به بنفش ظاهرشد سرشار از عشق و درحال وجد و سماع، میدان انرژی زیادی با چرخش در اطراف خودش ایجاد کرد و به سمت ما فرستاد، پس از اینکه سوگند خورد ازجانب خداست خود را جرمیل مقرب معرفی و مأموریتش را کارکردن بر روی احساسات و عواطف انسان‌ها عنوان کرد.

پرسیدیم چطور عشقی که به خداوند داریم را زیاد کنیم؟

گفت: دانه‌ای بکارید و به آن توجه کنید، رشدش را ببینید، خود این عین عشق است، این را بیاورید در سایر موارد زندگی‌تان. عشق توجه می‌خواهد و بدون این توجه عشق به سمت ناپختگی می‌رود و دیگر صلح نیست، می‌خواهم قاعده را پیدا کنید، راه دارد و راه آن رهایی است، ازخودت رهاشو، حال که رها شدی ارتباط بگیر و عشق راهش را پیدا خواهد کرد.

درمورد خداشناسی پرسیدیم.

خدا یعنی وجود، شما هرچقدر که به هر وجودی پی ببرید، فرق نمی‌کند، خدا درآن وجود هست، برروی این مبحث وجود خیلی تکیه کنید و روی آن

کارکنید. ثبت لحظه ها می‌تواند باعث پیشرفت شما شود، الگوی شما در زندگی فقط خداوند باشد و خداوند خودش را درهرچیزی به شما نشان می‌دهد.

زمانی که شما آگاهید می‌توانید الگو برداری کنید، روی مبحث آگاهی خیلی کار کنید چرا که وقتی به شما می‌گویند در هرچیزی عمیق شوید و ارتعاشتان را بالا ببرید، یاد می‌گیرید که وارد عمق هر چیزی بشوید و این می‌تواند در اینکه چرا و چگونه می‌خواهید در این مسیر حرکت کنید به شما راهکار بدهد. ببینید به هر نقطه‌ای در جهان هستی نگاه می‌کنید او را ببینید.

وقتی واقعاً این را در وجودتان قوی کنید، کاملاً مثل این است که یک حرکت دورانی ایجاد می‌شود در آن آگاهی در هر نقطه که به آن توجه می‌کنید و باز به خودتان بر می‌گردد. اینجا یک درس به شما داده می‌شود. درس ما نه اولی دارد و نه آخری اما باعث می‌شود که شما یاد بگیرید قوی‌تر شوید. نیروهایی که در وجودتان هست بالا می‌آیند و شکوفا می‌شوند و شما نور می‌بینید و هدایت می‌شوید و نور می‌بینید و حرکت می‌کنید اینجا، آنجا بالا و پایین و همه جا نور می‌بینید، آنقدر این نورها زیاد می‌شود که همه وجودتان را فرا می‌گیرد.

هیچ موجودی برموجود دیگر برتری ندارد و دلیل اینکه ما موجوداتی که خلقت شده‌اند را به صورت سلسله مراتب می‌بینیم وتقسیم می‌کنیم این است که هر موجودی با سطح آگاهی جدید و خاص خودش به عالم وجود آمده فقط همین ولی اگر خودش متوجه این قضیه نشود از پست ترین موجودات پست تر می‌شود.

وجودتان را مانند یک سیب ببینید، شما باید ببینید سیب وجودتان را به کدام سمت و سو می‌کشید. هنگامی که به یک نقطه تعادل در وجودتان برسید دیگر هیچ چیزی نمی‌تواند بر سیب وجود شما که آن را یافتید غلبه کند. از سیب به شما می‌گویم، بر آن آگاه باشید، از یک طرف بحث نفی و انکار و از طرف دیگر بحث پذیرش است و دانستن.

همه آنچه می‌نگرید را پله پله و جدا نبینید، همه به هم متصل هستند، اینقدر این مبحث اتصال به شما کمک می‌کند که از ریزترین ذره جهان هستی قطعا درس می‌گیرید.

و عشق، عشق لازمه زندگی بشر است و او کمتر فرصتی برای استفاده از عشق می‌گذارد. اما خدا می‌خواهد که این سفره عشق گسترده‌تر شود و خوب بدانید که کلام حق جاری است، ادراک جاری بودن کلام الهی به شعور شما کمک می‌کند، هرچه سطح شعور و ارتعاش شما بالا رود، میدانی از انرژی اطرافتان را در برمی‌گیرد و این میدان انرژی باعث درخشش شما می‌شود.

وای که تو دوست داشتنی هستی، وای که تو خواستنی هستی، می‌دانی چرا؟ چون عشق می‌دهی و تو به هر موجودی درجهان هستی عشق می‌دهی حتی این خاکی که در زیر پای شما است.

می‌خواهم بگویم شما چراغ هستید، می‌توانید چراغی باشید در جهان هستی. یک چراغ نورانی و رنگارنگ.

و اگر بدانید چقدر می‌توانید به صلح کمک کنید و صلح را ذره ذره قوی کنید، صلح که قوی شد، نگاه انسان‌ها شفاف‌تر می‌شود و می‌بینی که همه موجودات در صلح‌اند، همه‌اش عشق است، تو نیز درصلح باش.

قدردان باش، قدر بدان این حیات را این هستی را، این زندگی را این تپیدن‌ها را این نفس کشیدنت را. تنها کسی که قدر می‌داند و ارزش می‌گذارد انسانی است که سرشار از صلح است.

برای شنیدن فایل صوتی مربوط به این بخش بار کد زیر را اسکن کنید

فرشته جوفیل مقرب

جوفیل مقرب به صورت خانمی زیبا جوان و شادمان با انرژی بسیار قوی که لباسی به رنگ صورتی یا سرخابی روشن بر تن داشت به نزدمان آمد، ما انرژی زیادی را در وجودمان احساس کردیم. او بی‌نظمی‌ها و موقعیت‌های منفی را درمان می‌کند و همان گونه که زیبایی و نظم را به افکار، خانه و یا محیط زندگی و کار ما می‌آورد، انرژی منفی را نیز می‌زداید. در بعضی منابع وی را سوفیل نیز نامیده‌اند. جوفیل به عنوان حامی هنرمندان شناخته می‌شود و تورات نیز او را محافظ قانون الهی بیان می‌کند.

فرشته آریل مقرب

فرشته مقرب آریل، بسیار شاد و خندان با رقص و چرخش بسیار و حرکات موزون در هیِئت یک زن زیبا با لباس‌های فاخر و دامنی بلند و کشیده به رنگ صورتی کم رنگ زیبا به مانند زنان اروپایی در قرون جدید در روزی از روزها به نزدمان آمد. او دوایری از انرژی درست کرده و به کل جهان هستی می‌فرستاد مأموریتش را کمک به مادر زمین و محافظت از ارواح طبیعت و حیوانات و درختان ایجاد فراوانی و زمینه سبزینگی و نشاط در طبیعت معرفی کرد. مراقبت ما شامل تمام جهان هستی می‌شود یعنی هر موجودی که خداوند درجهان هستی خلق کرده‌اند ما نظارتی کلی بر آن داریم. از طرفی برای هر موجودی باز فرشته‌ای گذاشته شده است.

بر سه کلمه **انرژی، عشق و هستی جهان‌بخش** ادراک داشته باشید حتی می‌توانید بگویید هستی انگیزش بخش.

یک هاله صورتی دور خودتان تصور کنید و کلمات بالا را در هاله انرژی خودتان ثبت کنید طوری که برای شما هک شود و خداوند بارها در زندگی به شما این فرصت را خواهد داد تا از این سه عبور کنید برای اینکه خالص بشوید و خداوند به شما این نیرو را می‌دهد تا بتوانید زندگی کنید. خود هستی و این جهان یک موجود زنده است وقتی بخواهید ادراکش کنید. حتماً این هاله را به دور خودتان ایجاد کنید این جا صحبت از انرژی و عشق است، با دوام باشید.

برای شنیدن فایل صوتی مربوط به این بخش بار کد زیر را اسکن کنید

فرشته طلایی

زنی بلند قامت که بسیار پر شور و شعف و انرژی بود بسیارخندان و شاد با لباسی بلند و کاملاً پوشیده از طلا خود را فرشته طلایی معرفی کرد مأموریتش را کمک به انسان‌ها در جهت افزایش ثروت چه در زمینه‌های مادی و معنوی، افزایش هوش مالی و کمک در تجلی خواسته‌های مادی و تغییر سبک زندگی عنوان کرد.

این فرشته با تابش نور الهی به رنگ طلایی زیبا همراه است.

پیام این فرشته این بود: کتاب زبور داود را از صفحه دویست به بعد با آگاهی بیشتری بخوانید.

خداوند خواهان این است که همه شما ثروتمند باشید اوست خدای فراوانی و شما را به مانند خود آفریده است حس تنهایی و فقر در اصل القاء شیطان است. شیطان را جایی در بیرون وجودتان نجویید او در وجودتان است هرگاه که به نجواهای نفس تان توجه کردید و از روح الهی‌تان که بی نهایت است غافل شدید بدانید که اسیر شیطان درونتان شده‌اید.

بخواهید تا به شما داده شود. بگویید تمامی ثروت الهی هم اکنون در همین لحظه به شکل وفور زیاد در اینجا حضور دارند و سایه عشق تان را زیاد کنید. اینکه کاری یا عملی از شما ساطع شود و بگویید من بودم غلط است هر آنچه انجام می‌دهید همانا خدا است هرگاه از من صحبت می‌کنید به خطا رفتید. هرگاه می‌خواهید عملی در زندگی انجام دهید اول بگویید من آگاهم. آگاهم یعنی با اتصال کامل حرکتم را انجام می‌دهم بینش تو باید اینگونه باشد. دوم هر دو نیمکره مغز شما در آن لحظه باید باهم کار کند (با مراقبه می‌توان تعادل

را در استفاده از دونیمکره ایجاد کرد و هردو نیمکره را تقویت کرد) و مراقبه باید جزئی از زندگی شما بشود. سوم ساده باشید اما پاک.

پاکی در ذهن وجسم و روح و روانتان

وقتی می‌گویید من آگاهم هم زمان به آسمان و زمین نگاه کنید و بدانید که تمام این جاها رزق و روزی شما هست و رزق صرفاً مادی نیست. هنگامی که خواهان عشق و انرژی از جانب فرشته‌ای هستید کافی است او را صدا کنید و بر او آگاه باشید مطمئن باشید او همواره حضور دارد. صلابت داشته باشید و به هرچیزی که در زندگی می‌خواهید بچسبید و رهایش نکنید تا به آن برسید. شما سرور و سالار و سلطانید. وقتی می‌خواهید یک چیزی را به دست بیاورید فکر کنید که فقط خودتان هستید و خدا و دیگر هیچ چیزی وجود ندارد و سطح آگاهی‌تان را انقدر بالا ببرید که گویی خودش هستید. او همواره حضور دارد.

وقتی در حال راه رفتن هستید احساس کنید به عمق هر چیزی می‌روید و دراین عمیق شدن یک رنگین کمان در آن وجود بگذارید مثلا در یک تکه زمین یا درخت یا هر وجودی از عالم هستی، رنگین کمانی ببینید. رنگ‌ها را که تقویت کنید وجودتان روشن می‌شود. ما در تمام دوران‌ها، انسان‌ها هرجا بودند با آن‌ها و کنارشان بودیم و انسان نفهمید. شما باید مثل جریان آب زلال باشید. این زلالیت را که بدست آوردید همه چیز را به دست آورده‌اید.

فرشته لازمانی

در حین مراقبه‌ای در روزی از روزها ابتدا ساعتی بزرگ با پاندول‌هایی به شکل ساعت بیگ بن لندن دیدم که‌حرکت می‌کرد و صدایی شنیدم که با من سخن می‌گفت، می‌دانستم فرشته‌ای از جانب خداست اما او برخلاف سایر فرشته‌ها نادیدنی بود. در طی مراقبه‌هایی تنها حضوری الهی را حس می‌کردیم حضوری قدرتمند با صدای طنین‌دار فقط گاهی که برای توضیح مطالب دستانش را که تکان می‌داد به شکل سایه آن را می‌دیدم او خودش را فرشته لازمانی معرفی و مأموریتش را کمک به انسان‌های معنوی در ادراک مفهوم زمان و تجربه بعد لازمانی بیان نمود.

سخن را چنین آغاز کرد: هرچه شفافیت وجودی‌تان را افزایش دهید ادراک لازمانی برای تان بهتر و آسان‌تر و بیشتر می‌شود.

وقتی که به او می‌رسی نه می‌بینی، نه می‌شنوی و نه می‌چشی و نه لمس می‌کنی. فقط اوست آیا در این لحظه به چیزی غیر از او فکر می‌کنی؟

ساعت های زندگی تان را بر روی خداوند کوک کنید. سعی کنید در طی روز کارهایی انجام دهید که به رشد وجودی شما کمک کند. احساس کنید خدا از آسمان دائماً بر روی شما می‌بارد، بر روی بارش خیلی کار کنید و حس کنید هر لحظه این بارش بر روی شما قوی‌تر می‌شود. تمرینی که خیلی به شما کمک می‌کند این است که چشمان‌تان را ببندید و حس کنید یک گل در قفسه سینه شما است و سعی کنید آن را به همه جا گسترش بدهید گلبرگ‌هایی زیادی را ببینید که آن گل دارد و از قفسه سینه شما به بیرون می‌آید به هرگلبرگی که بیرون می‌آید آگاه باشید.

چقدر به گلبرگ‌ها دقت می کنید هر چقدر بیشتر دقت کنید و گلبرگ‌های تان را ببینید به همان اندازه در زندگی حضور دارید. اگر این گلبرگ‌ها را زیاد کنید خیلی راحت زمان شما تبدیل به بی زمانی می‌شود.

در زمان زندگی کنید ولی انگار زمان نیست. همه شما در لازمانی هستید اما فکر می کنید در زمان هستید .شما آدم ها همیشه درحال دویدن در زمان هستید اما اگر حس کنید زمان دیگر برشما حاکم نیست برای شما بسیار مفید خواهد بود و بسیاری از مسائل برای شما حل خواهد شد.

آنچه از خدا می‌خواهید را برایش ثبت کنید و بنویسید مثل نامه و به شما داده می‌شود اما ابتدا باید سعی کنید از قید زمان رها شوید تا راحت دریافت کنید.

مساله اصلی زمان است شما سرگردان زمان هستید.

یکی شدن زمانی حاصل می‌شود که به عمق هر چیزی بروید و روش‌های زیادی برای این کار هست.

توکل کنید یعنی ادراک به کل وقتی خیلی از مسائل می‌شود ذهن ما و تمام وجود ما را می گیرد یعنی کل وجود ندارد. مجموعه ای از همه چیز در هستی می‌شود **:کل.**

توکل کن برای کاری که می‌خواهی شروع کنی به سمتش بروی و ادامه اش بدهی تا به نتیجه برسد و بدان که در این لحظات تو نیستی وکاملاً سرسپرده تر باش و صبر پیشه کن آنچه باید اتفاق بیافتد می‌افتد به نتیجه نگاه نکن و از نتیجه رها باش.

وقتی من ارتعاشی که از خودم به جهان می‌فرستم و برعکس آن را دریافت می‌کنم یعنی توقعی دارم و عکسش را دریافت می کنم باید یک بررسی اساسی

بر روی خودم بکنم و جهان هستی مرتب بالا و پایین، بالا وپایین، بالا و پایین دارد و این جا یک دفعه این حالت برای تان پیش می‌آید که یک نفر این طناب متصل را منفصل کرده.

فرشته عشق و انرژی

روزی که آسمان پر از ابر بود و خورشید در چنگال ابرهای سیاه باران زا اسیر شده بود، صبح هنگام برای تفریح و مراقبه به جنگل کاج اطراف شهر رفتیم، بیم آن داشتیم که باران ببارد و اوقات مراقبه مان را ذایل کند اما توکل کردیم و ازخداوند خواستیم یاری مان کند.

فرشته‌ای به شکل یک مرد که تمامی بدنش را امواج رعد و برق فراگرفته بود و سرشار از همه رنگ ها بود. قامتی عظیم و سربه آسمان ساییده بود و بی نهایت قدرتمند و با صلابت می‌نمود در مقابل مان درسمت چپ جایی که نشسته بودیم حاضرشد و باطنین بلند به ما سلام داد، خودش را فرشته عشق و انرژی ومأموریتش را ایجاد انرژی فراوان و افزایش قدرت اراده و حضور در انسان‌های معنوی عنوان نمود.

زمانی که عشق و انرژی در وجود شما زیاد می‌شود، خودتان را به شکل انرژی ببینید مثل الکتریسیته ببینید که انرژی در شما جاری است و بر روی رنگ ها هم زیاد کار کنید، بسیار بسیار مراقبه کنید تا بتوانید آگاهی‌تان را بالابرده و به ابعاد بالاتری دست پیدا کنید. تمریناتی که فرشته‌ها به شما دادند از قبیل ستون نور یا تونل نور را همیشه و در هرجایی داشته باشید و این ادراک یا تجسم درتمام لحظات برای شما باشد که شما در تونل نور هستید و حتی آگاهی‌تان را به صورتی قوی برروی کانال‌های انرژی‌تان بگذارید تا کانال‌ها را قوی کنید

روزی یک رنگ را انتخاب کنید و سراسر آن روز را با آن رنگ باشید و یکی شوید و فکر کنید خودتان آن رنگی هستید وهمه چیز را آن رنگی ببینید.

به شما می‌گویم برای این که هدایت شوید و آن انرژي والا و ابعاد جدید را تجربه کنید خودتان کم کم متوجه می‌شوید که یک اتفاقاتی در وجودتان می‌افتد حول یک فضا بچرخید یا حول یک محور به شکل دایره وار و خود این کار باعث قوی شدن شما در این زمینه هایی که به شما گفتم می‌شود و این را از من داشته باشید که حتی قبل از مراقبه یک مقدار چرخش های مدور داشته باشید

وقتی به سفری می‌روید یا کاری را می‌خواهید شروع کنید بدانید که خداوند روی سر شما است یعنی او دائما با شما همراه است و با شما حرکت می‌کند و آن لحظه حضور او را کاملاً احساس کنید.

این که به شما می‌گویم نور، این نور را شما می‌سازید و چیزی خارج از شما نیست نور را باید طلب کنید بخواهید تا برای شما ایجاد بشود این را برای خود مفهوم کنیدمثل دوکلمه عشق و انرژی وعشق فقط به شکل کلمه نباشد بلکه واقعا به ادراکش برسد این ها همه برمی‌گردد به حس‌های درونی خودتان وکاری به تعریفاتی که برای شما شده نداشته باشید. مثلا به شما می‌گویند رنگ قهوه‌ای رنگ قهوه‌ای را خود آدم‌ها ساخته‌اند و این اسم را برروی آن گذاشته‌اند شما می‌توانید از آن رنگ هر تصوری داشته باشید. منظور این است که از چهار چوب‌های فکری رها شوید و این باعث می‌شود که بتوانید به بعد انرژی بودن خودتان دست پیدا کنید من می‌خوام شما در مسیری که این عشق و انرژي را واقعا ادراک کنید، هدایت بشوید.

ما می‌خواهیم که این پنج حسی که به شکل فیزیکی به آن ادراک دارید را قوی کنید و هرچه بیشتر این حواس را قوی کنید پنج حس دیگر به شما داده

می‌شود و این تکرار می‌شود و حواسی در ابعاد بالا به شما داده می‌شود که اصلا مردمان زمین آن را تجربه نکرده‌اند.

سپس ناخودآگاه شما شروع به باز شدن و شکوفاتر شدن می‌کند و یک لحظه متوجه می‌شوید که وقتی می‌گوییم خدا با شما است و شما را هدایت می‌کند یعنی چه.

ما وقتی به بعد هایی جدید می‌رویم قادر هستیم شرایطی را تجربه کنیم که هیچ وقت در این زندگی به ما یاد داده نشده است و در واقع آن شرایط آموختنی نیست و وقتی آنجا قرار می‌گیرید متوجه می‌شوید که چقدر مفهوم انسان والا است.

انسان به یک سری از چیزهای روزانه وروتین محدود شده است و همه وقت درحال تکرار این ها در فکرش است و این اتفاقا باعث می‌شود که بیمار بشود و نتواند آن مفاهیمی که می‌گویم را تجربه کند.

وقتی به ابعاد جدید دست یافتید سرعت حرکت شما بیشتر می‌شود و اگر دقت کنید الآن هم سرعت حرکات روزها ماه‌ها و سال‌ها خیلی بیشتر شده است و این برمی‌گردد به این که سطح آگاهی انسان بیشتر می‌شود و درحال ورود به دوره و بعدهای جدیدی است و نسل انسان هرچند این تمرین‌ها را بیشتر کند زندگی جدیدی را تجربه می‌کند اصلا متفاوت از آنچه که تا به حال بوده است. من می‌توانم نفس‌های شما را کاملاً ببینم جریان خون شما را ببینم وکاملاً به شما مسلط هستم وقتی به این درجه برسید با نگاه به یک انسان می‌توانید تشخیص بدهید که یک نفر چه بیماری ای دارد و بنابر نیرویی که

خود به دست می‌آورید در یک لحظه او را شفا بدهید و انسان به این مرحله می‌رسد.

بعد سلامتی شما فراتر از این بعد جسمانی است از همین بعد جسمانی شروع می‌شود تا به ابعاد دیگر، بخواهید تا نیروهای معنوی بر روی بعد سلامتی شما کار کنند و این باعث می‌شود که خود شما به عنوان افراد سالم در ابعاد مختلف رشد کنید و بتوانید بالا بروید.

چیزی که از شما می‌خواهم اینکه درحالت مراقبه زندگی کنید این جزئی از حالت وجودی شما گردد و بدین شکل آن چیزهایی زیبا که خداوند در وجودتان قرار داده را بیابید و از آن‌ها استفاده نمایید حیف از اینکه فرصت‌ها استفاده نکنید.

فرشته بلوری

زنی زیبا با بدنی بسیار شفاف و بلوری مثل یخ یا شیشه مانند بسیار زیبا و خاص که لباس و تنش دیده نمی‌شد ابتدا سوگند یاد کرد که فرشته‌ای از جانب خدا است و سپس دلیل حضور و مأموریتش را ایجاد شفاف‌سازی در وجود ما اعلام کرد و جملاتی به ما دادند تا تکرار کنیم.

من خودم را شفاف می‌سازم. لطفاً من را شفاف کنید. من به شما می‌پیوندم من آسمان و زمین را شفاف می کنم شفافیت الهی همواره در من جاری است و همراه من است.

اینکه سؤال می کنید کی و چه وقت آن کار به انجام می‌رسد، گفتن کی بدترین سؤال است و این نشان می‌دهد که شما عجول هستید دائما می گویید کی کی چرا چرا. یک تکانی به خودتان بدهید این را بنویسید که هر چیزی به وقتش به انجام می‌رسد.

هرچه که یک کتاب را بیشتر بخوانید و مشتاق باشید و ازسر عشق بخوانیدآن کتاب بیشتر برای شما باز می‌شود و آگاهی آن را دریافت می‌کنید.

در مورد انفاق از او پرسیدم فرمودند از هرچیزی که دارید بخش بیشترش را ببخشید این برای شما وفور نعمت به همراه دارد

آگاه باشید قاضی الحاجات خدااست. رحمانیت که هست مثل اینکه باران ببارد تو چه ظرفی دستت می‌گیری تا آب درونش بریزد یک لیوان یک کاسه یا یک ظرف بزرگتر؟ وجود تو همچین چیزی است وجوت را بلوری کن بعد هرطور زایشی برای تو اتفاق می‌افتد حتی هرچیزی برای تو تجلی پیدا می‌کند.

پرسیدم شفافیت با عبادت به دست می‌آید یا خودآگاهی؟ هرکاری که می‌کنید عبادت، غذا خوردن، راه رفتن و... باید درونش عشق باشد و اینکه خودت احساس کنی پر می‌شوی و اشباع می‌شوی.

با آدم‌ها حرف نزنید مگر اینکه احساس کنید آنجا باید یک چیزی بگویید بعضی وقت ها زیاده‌گویی می‌کنید باید شنونده باشید وقتی یک آدمی زیاد حرف می‌زند در دلتان برایش آمرزش بخواهید وآن شخص حتماً جایی دردی دارد.

قشنگ زندگی کنید باورکنید دنیا خیلی زیبا است و اینکه همه چیز را قشنگ ببینید این یعنی تغییر نگرش‌تان ببینید حرف های من چقدر در عمق وجودتان می‌نشیند. من می‌خواهم شما بالنده باشید.

می‌فهمید بالندگي یعنی چه؟ هرچقدر که سکوت کنید ادراک خودتان بیشتر می‌شود و این یعنی بالندگی

سکوت را مثل گیره ببینید گیره لباس،گیره چطور لباس را می‌گیرد و به آن می‌چسبد؟ مثل گیره به آن بچسبید حتی در هر طوفانی در زندگی‌تان خیلی وقت‌ها نیازی نیست حرفی بزنید وقتی کنار یک آدم هستید.

آدم‌ها همیشه آن چیزی که دل شان می‌خواهد برداشت می‌کنند و کاری ندارند که شما به آن ها چه می‌گویید. خیلی وقت‌ها مثل ناخن دست‌ها، شما این همه خدمت می‌کنید ولی شما را از ریشه می‌کنند.

در انتها به شما می‌گویم که سربلند باشید.

فرشته برفی

این فرشته که در هیِئت زنی با لباسی به شکل گلوله‌های برف حاضر می‌شود و مأموریتش شفاف‌سازی و پاکسازی، شفای درونی و بیرونی و دعوت به سکوت و گوش دادن به نجوای درونی است.

"مهم نیست چقدر زیستی مهم این است که هر لحظه آغازی است و از همان جا شروع به تلاش کن حرکت کن رها کن امیدوار باش بخند ببخش و بی‌نیاز شو."

دستان‌تان را به سمت آسمان ببرید چشمان تان را ببندید و تصور کنید که از آسمان گوی‌های سفیدی مثل دانه‌های برف را می‌گیرید و به زمین می‌زنید و در همان لحظه طلب هوای پاک، آسمان پاک، زمین پاک، روابط پاک عشق، معنویت و احساسات پاک کنید و برای کل موجودات در کل پاک‌سازی داشته باشید.

در حین این مراقبه، احساس کنید که به زمین قدرت و انرژی می‌دهید و ببینید که چه انرژی‌هایی در وجود خودتان افزایش می یابدو ازطرفی متوجه می‌شوید که این تمرین می‌تواند چقدر به رشد شما کمک کند و برای شما پیام بیاورد، درضمن اگر جایی برای شما پیام می‌آید که باید مسیری را حرکت کنید و بروید، پشت همه پیام‌ها علت دارد، حتماً شنونده و دنبال کننده خوبی باشید.

من می‌خواهم به شما بگویم که این گوی‌ها حاوی آگاهی هم هستند و یک شعور والا.

همین طور که این گوی ها را از آسمان می‌گیرید و به زمین می‌زنید ازعشق و انرژی و پاکی و معرفت خیلی چیزهای دیگر که می‌توانید همراه این تمرین بگویید.

واقعاً ببینید که بخشی از وجود شما دارد به عالم بالاتر کشیده می‌شود این اتصال به عالم بالا به شما کمک می‌کند که بسیاری از حجاب‌ها برداشته شوند و شما مأمور می‌شوید و به مسیری که به شما گفته می‌شود باید بروید کمک می‌کند آن مسیر برای شما باز شود.

شما نیاز دارید که سطح معرفت‌تان را بالا ببرید واین‌ها تمریناتی هستند که می‌توانند به شما کمک کنند اما باید قوی‌تر بشوید و مسیر های قوی‌تری را انتخاب کنید من می‌خواهم به شما بگویم که سه پایه از وجود شما بر روی زمین است که در طی زمان حیات باید باشد اما هزاران پایه شما در عالم بالاتر است و اگر خیلی از فرشته‌ها به شما از آسمان و عالم بالاتر می‌گویند همین است. شما می‌توانید این سه پایه که در زمین به شما داده شده را توسط آن پایه های آسمانی که بسیار زیاد هستند قوی کنید. در این تصویرسازی، گوی یک تمثیل است و گلوله‌هایی که شما به زمین می‌زنید نماد آگاهی و عشق و معرفت و خیلی چیزهایی دیگر است و جالب این که وقتی این کار را انجام می‌دهید یک سری کلمات یا آگاهی‌ها برای شما باز می‌شود که برای شما نو و جدید است. شاید شما از این کلمات در زندگی‌تان اصلاً استفاده نکرده‌اید و مشابه آن را جایی نشنیده باشید و این‌ها دارند این پیام را به شما می‌دهند که راه دارد برای شما باز می‌شود راه من همان معرفت من است این را از من داشته باشید.

من می‌خواهم که مثل برف پاک و تمیز باشید. بال‌هایتان را پرهایی سفید ببینید و برآن‌ها آگاهی داشته باشید خودتان را درحال پرواز ببینید می‌توانید پرواز کنید و گوی‌های تان را از دورترین نقاط انتخاب کنید و پرتاب کنید بعد می‌بینید که چقدر قشنگ است و این سطح نور را که سفیدی برف در شما مرتعش می‌کند می‌بینید.

من شعر را می‌بینم من نثر را می‌بینم من کتابت را می‌بینم روزی خواهید فهمید که این‌ها چیست.

من فکر می‌کنم به این معرفت دست پیدا کردم اما هنوز زمانش نرسیده است. شما نیز هنوز معرفت را به آن شکلی که پروردگار برای انسان مقدر داشته کاملاً دریافت نکردید و این طبیعی است ولی باید برای معرفت بیشتر تلاش کنید پس هر آنچه را که به شما گفته می‌شود در اتصالات از آن‌ها استفاده کنید.

فرشته بنفش

این فرشته با لباسی به رنگ بنفش بسیار ساده و درخشان در روزی از روزها به نزد ما آمد با سوگند به اینکه از جانب خدا آمده هدفش را ایجاد بینش و کمک به ما در جهت ظرفیت سازی و آگاهی تسلیم در برابر حق اعلام نمود.

پیام فرشته: هنگامی که سطح آگاهی شما نسبت به هر امری بالا رفت هیچ دردی برای شما باقی نمی‌ماند و شما آن‌گاه می‌توانید با مأموریت الهی‌تان آشنا شوید آن را بپذیرید و به آن بپردازید.
مأموریت من ایجاد وگذاشتن نور بنفش در وجود انسان‌ها جهت به وجود آوردن اقتدار و قدرت بیشتر جهت اتخاذ تصمیمات سخت و سنگین است و این نور می‌تواند به شما قدرت زیادی بدهد.

بگویید تمامی وجود من پر از نور بنفش است و خداوند این پرتو بنفش را هرروز بر من می‌تاباند.
بنفش یکی از پرتوهای بسیار قوی و معنوی است و در آیه **"لاحول و لا قوة الا بالله العلی العظیم "**
هیچ نیرو و استعدادی جز از سوی خداوند بلند مرتبه و بزرگ نیست
"رنگ‌هایی بسیار است که یکی از آن رنگ‌هایی که در این آیه خیلی اقتدار دارد رنگ بنفش است و می‌توانید همین طور که این آیه را تکرار می‌کنید این رنگ را هم حس بکنید که به ظرف وجودتان وارد می‌شود. وقتی می‌بینید در طول شبانه روز قدرت جسمی‌تان خیلی قوی می‌شود یا بالعکس ضعیف می‌شود در

این صورت از جملاتی که به شما گفتم استفاده کنید و این باعث می‌شود که از آن حالت بی حسی و بی حالی به یک حالت قوی برسید.

او کسی نیست جز آن که او را می‌بویید، می‌شنوید، می‌چشید با او می‌خوابید و با او بیدار می‌شوید این خیلی مهم است چون حس‌های شما را قوی می‌کند و وقتی انسان حس‌هایش قوی می‌شود حس های بالاتر پدیدار می‌شود. حال اگر مصمم به انجام کاری شدید، از آن دو جمله که ابتدا گفتم استفاده کنید و به چهار قانون توجه کنید:

آگاه باشید که هر آنچه که در آن می‌مانید گذرا است.

هرآنچه و یا هرکس که در زندگی شما حضور پیدا می‌کند بدانید گذرا است. هیچ چیز ماندنی نیست مگر آن که او بخواهد. آنچه طلب کنید هم اکنون به شما داده می‌شود.

هر کس آمد و به شما پیشنهاد کاری داد می‌تواند شغلی باشد یا هر چیز آن را در این قوانین و اصول قرار دهید و قبول کنید، به او بگویید من نمی‌دانم راهی که به من پیشنهاد می‌دهی چیست اما به تو اعتماد می‌کنم. خیلی مهم است اصولی که به شما می‌گویم زمانی که شما به انسانی می‌گویید به تو اعتماد می‌کنم او خلع سلاح می‌شود و او نمی‌تواند شما را دور بزند.

بدانید دنیا پر از آدم‌های جور واجور است هم اکنون زمان غربالگری است در این زمان فرصت خوبی است که بسیاری اطلاعات جدید که قطعا پیش روی شما قرار می‌گیرد به دست آورید و این فرصت را از دست ندهید.

در مورد بیماری کرونا پرسیدیم

فرمودند: هیچ ویروسی بدون اجازه حق ورود به هیچ وجود زنده‌ای را ندارد مگر اینکه او بخواهد.

من می‌دانم که چه چیزی دارد اتفاق می‌افتد و قطعا او می‌داند اما شما فرصتی می‌خواهید تا رشد بیشتری پیدا کنید آن وقت روزی می‌رسد که می‌گویید پس حکمتش این بود ما می‌خواهیم معرفت‌تان را زیاد کنید و این چهار قانون یا اصل را مد نظر قرار دهید.

هیچ وقت هیچ کس در هیچ زمانی به زندگی شما نمی‌آید مگر این که طالب آن باشید به طلب های‌تان توجه کنید و به حضورها، آن‌ها روح هایی هستند که به اشکال مختلف به زندگی‌تان وارد می‌شوند به آنچه می‌گویند آگاه شوید آن را بررسی کنید و بسپارید من از شما می‌خواهم به بال‌هایتان توجه داشته باشید و رشد کنید یک جا نمانید به آگاهی درونی‌تان بسیار بیشتر بها بدهید، این خیلی با ارزش است.

من پیامی برای شما داشتم آن هم برگ سبز زندگی‌تان بود بسیار به این سبز بودن توجه کنید و آنقدر آن را در وجودتان رشد دهید که انگار خودش هستید.

فرشته بلو

فرشته‌ای به شکل زنی با پوشش کاملاً آبی زیبا و خوش رنگ دارای بال‌هایی گرد روزی از روزها به نزد ما آمد.

پیام فرشته به انسان‌ها: بگویید خدایا، من به هر سمتی می‌روم به سوی تو می‌آیم هر جایی قرار می‌گیرید درآن لحظه بگویید: این بهترین نقطه است که من در آن قرار گرفتم بسیاری از خدا طلب کنید که شما را به خطاهای‌تان آگاه کند نشانه‌ها را دنبال کنید زیرا در خودسازی شما تأثیر بسزایی دارد.

زندگی را مثل یک خط سیر در نظر بگیرید، یک خط مستقیم و حس کنید روی این خط دارید حرکت می‌کنید و در این مسیر انسان‌هایی به زندگی شما وارد و انسان‌هایی از زندگی شما خارج می‌شوند و این علت دارد حال علت آن را به شما می‌گویم شما هر چه روی خودتان کار کنید یک عده آدم هستند که به طرز عجیبی از شما گریز می‌زنند و بعدا این پیام برای شما می‌آید که چرا این انسان نمی‌تواند به شما نزدیک شود، این‌جا باید یک بررسی اساسی بکنید شما فقط حضور داشته باشید و هیچ کار دیگر نکنید ولی همین قدر بدانید که خیلی دارد دست و پا می‌زند. این آدم شبیه این هست که رو به خدا کرده ولی دست‌هایش را به طرفی خلاف گرفته است این شبیه این است که انگار یک انسان رو به شما است ولی سرش را به سمت دیگر کرده است این یک تعبیر است تعبیری از یک انسان و برای شما یک پیام دارد باورتان نمی‌شود که چقدر دلش می‌خواهد کنار شما باشد ولی نمی‌تواند. شما باید درهای وجود خودتان

را باز کنید و مطمئن باشید که درهای بسیار زیادی به سوی شما باز می‌شود وخودتان اصلا تعجب می‌کنید از این همه اطلاعاتی که به سمت شما می‌آید. بهشت چیزی خارج از وجود خودتان نیست دنبالش کجا می‌گردید. این ادراکی است که برای شما ایجاد کرده‌اند و بهشت جای دیگری نیست و همین جا است.

روی این که بال‌هایی دارید و با آن بال ها به خیلی جاها می‌روید و پرواز می‌کنید روی این ادراک خیلی کار کنید که این بال‌ها شما را در بهترین شرایط قرار می‌دهند و بهترین نقاط و میان بهترین انسان‌ها و عالی‌ترین و متعالی‌ترین موارد را برای شما فراهم می‌کنند در ذهن‌تان خیلی به این قضیه کار کنید و خیلی به آن عشق بدهید زمانی که روی بال های تان کار می‌کنید خیلی خیلی خالص بشوید اگر هر روز روی بال‌های تان کار کنید حس و حال تان خیلی بهتر می‌شود.

باید بال‌های تان را خیلی قوی ببینید که بزرگ و گسترده است در پشت شما است و به راحتی شما را سبک می‌کند هنگامی که خوابیده‌اید، نشسته‌اید، غذا می‌خورید و راه می‌روید این بال‌ها به شما آنقدر حس سبک شدن می‌دهد که گویی محو شده‌اید.

هنگام تجسم بال‌ها بگویید من پر از شادی و شعفم حتماً ببینید که خندان و پر از انرژی خداوند هستید. هرچه به این خالص شدن نزدیک می‌شوید این پاسخ برای‌تان زودتر می‌آید و در جای دیگری دنبال هیچ چیز دیگری نگردید. خدا را تمنا کنید و به او بگویید ما به هر سمت و سویی می‌رویم و به هرجهت که می‌رویم و برمی‌گردیم به خودت می‌رسیم خداوند خیلی دوست دارد از اینکه

بنده‌اش با او عشق بازی کند و خوشش می‌آید چون اصلا خودش اینطوری انسان را بوجود آورده.

خداوند بی نهایت عاشق شما است، اصلا نمی‌توانید تصور کنید انقدر عشقش به انسان زیاد است که اگر انسانی ذره‌ای به این عشق پی می‌برد واله و شیدا می‌شد و این شیدا شدن پاسخ همه سؤال‌هایی است که در ذهن دارید و دیگر هیچ سؤالی برای شما باقی نمی‌ماند.

شما به هرچه می‌خواهید می‌رسید، فقط و فقط باور کنید. و این باور را تقویت کنید، منتها مهم خودتان هستید. مشکل این است که در هر مسیر که وارد می‌شوید به شک می‌افتید و شک شما را به عقب می‌اندازد.

آیا آنجایی که یک سیب می‌خواست سیب بشود شک کرد یا آن پرتقال آنجا که می‌خواهد پرتقال بشود به رنگش و اینکه می‌خواهد پرتقال شود شک کرد؟ نه، آن همانی شد که باید می‌شد هرجایی که قرار می‌گیرید فقط در آن لحظه بگویید اینجا بهترین نقطه‌ای است که من درونش قرار گرفتم و آن وقت می‌بینید که چه اتفاقی می‌افتد این برمی‌گردد به احساسات درونی شما و همان لحظه بگویید که من باور دارم که باید اینجا باشم و الان حضور من در بهترین حالتش قرار گرفته است.

این طوری وجودتان را تقویت می‌کنید و انرژی‌های تان را قوی می‌کنید و این باعث می‌شود که در هر موقعیتی با تمام وجودتان هر کلمه یا هر صحبتی یا هر مطلب اطراف‌تان را به درون‌تان بکشید.

شک مثل یک لباس می‌ماند، الان انگار به شما دوخته شده است که باید آن را از تن‌تان خارج کنید.

ما وجودمان جلوی این که رشد کنیم سد می‌شود باید سد وجودمان را بشکنیم یکی از کارها این است که روزانه فقط ۵ دقیقه یک ارتباط پاک با خدا بگیرید یعنی انگار هیچ چیز نیست هیچ چیز و آنجا حتی اینکه بگوییم تو هستی یا آن هست یا نیست یا تو نیستی هیچ فرقی نمی‌کند، به آن هیچ برسید. عجیب آن‌وقت می‌فهمید که اینکه می‌گوییم خدا عاشق بنده‌هایش است تو می‌توانی آن عشق را ادراک کنی و حالت خوب شود.

زمانی که صبر کنی نتایج زیبائی را خواهی دید. آیا به این دقت کرده‌ای چرا تو هر روز یک آدم دیگری هستی مطمئن باش که تو آدم دیروز نیستی وقتي که متولد می‌شوی یک خط موازی برای تو گذاشته شده است و در طول زندگی ات این خط انحناء و زیگ زاگ پیدا می‌کند که باعث همه آن‌ها خود تو هستی. هیچ چیزی در تو گذاشته نشده است مگر اینکه از قبل آن را با خود می‌آوری باید این طور باشد، این خاصیت روح است وقتی به اینجا می‌آیی تجربیات جدیدی را به تجربیات قبلی‌ات اضافه می‌کنی که کاملاً متفاوت است به همین دلیل آن جای قبلی را به خاطر نداری و باز هم باید اینطور باشد.

خواسته‌های شما از خداوند چیزهایی که شما می‌خواهید تغییر می‌کند چون شما انسان‌ها هر روزه تغییر می‌کنید تو باید بدانی که برای رسیدنی نیامدی و تو همواره در مسیر هستی.

شما مثل دوکفه ترازو هستید. یک روز کفه ترازوی شما بالا و یک روز کفه ترازوی شما پایین و سنگین است اگر رها شدی هر دوکفه یکی است، برای رها شدن راه‌های زیادی هست بیشتر به دل طبیعت بروید با تمامی موجودات که خداوند خلق کرده مهربان باشید بیشتر با آدم هایی که پر از انرژی و عشق

هستند ارتباط بگیرید زمانی که پولی را در مسیری خرج می‌کنید بدانید که صد چندان آن با اطمینان به شما باز می‌گردد مهم این است که شما می‌خواهید چکار کنید.

قلبت را رها کن تا حالت خوب شود و در این لحظه احساس کن که به جای بینی و دهان، از قلبت نفس می‌کشی شما باید به جلو بروید و نباید به عقب برگردید مشکل شما این است که درگیر می‌شوید یادتان باشد شما روی یک خط موازی به دنیا آمده‌اید گاهی آن‌را ادراک کنید.

وقتی بگذارید و هرشب در آسمان غرق بشوید اگر یاد بگیرید در هرچیزی غرق شوید دیگر خاموش می‌شوید.

غرق آفرینش‌های دیگر شوید آنچه را که الآن شاهدش هستید. انسان باید وجودش را قوی کند. گیاه گل سرخ ریشه خیلی عمیقی دارد وگیاهانی که ریشه خیلی عمیقی دارند خیلی به همان نسبت به انسان قدرت می‌دهند، سعی کنید بیشتر از گیاهان ریشه‌ای استفاده کنید و توصیه می‌کنم که بیشتر از لباس‌هایی به رنگ آبی استفاده کنید.

فرشته‌های چرخ و فلکی

در هنگام مراقبه فرشته‌هایی از آسمان و در شکل و هاله‌ای از ابر و مه حاضر شدند، کاملاً شبیه هم بودند ابتدا یک فرشته و سپس دو فرشته شبیه به همان اولی دست در دست همدیگر حرکت می‌کردند سرشار از عشق و انرژی. حرکت شان به شکل چرخ و فلکی بود می‌چرخیدند و به صورت گروهی، دسته از پس دسته دیگر همواره در گردش و چرخش بودند گفتند برای ایجاد صلح و عشق و بالا بردن ارتعاش ما حاضر شدند.

ما فرشته چرخنده، رنگین کمانی یا ابرخاص هستیم، مأموریت ما ایجاد صلح در جهان هستی و برای همه انسان‌ها و ایجاد وحدت در بین تمام موجودات هستی است، برای ایجاد صلح می‌توانید از ما کمک بگیرید، هرجا عده‌ای جمع شوند و طلب صلح کنند، ما آنجا حاضر و به آن‌ها کمک می‌کنیم. آن‌ها شاد و پرانرژی بودند بال‌های گرد داشتند، هیئت زنانی بالغ و زیبا داشتند آواز می‌خواندند (سیرا سی تا هورا) می‌چرخیدند و آوازشان را می‌خواندند. ما شور و شعف و شوق انسان‌ها را بالا می‌بریم، ای انسان‌ها به هم بپیوندید، سطح پیوندتان را زیاد کنید، بذل عشق‌تان را زیاد کنید.

فرشته لوسیفر

مدت‌ها بود که موجودات شریر و انرژی‌های منفی دیگر به سمتمان نمی‌آمد، روزی از روزها در حین مراقبه انرژی عظیمی را احساس کردیم، فرشته‌ای در سیمای مردی عظیم الجثه با محاسن سفید، جامه‌ای بلند و بال‌های عظیم دست و دستار و آستین بلند حاضر شد، خود را لوسیفر یا ابلیس اعظم معرفی کرد، ترس و انرژی عجیبی ما را فرا گرفت و به لرزه افتادیم.

پرسیدیم چرا به دیدنمان آمده؟

گفت این همه فرشته آمدند نپرسیدید چرا آمدید چرا از من می‌پرسید؟ ابتدا به ما تعظیم کرد و سپس دامان خود را بر روی کل زمین کشید در حالی که با فریادی بلند که زمین را به لرزه می‌انداخت اسم خدا را صدا می‌کرد و می‌گفت:

"یا مقلب القلوب والبصار یا مدبرالیل والنهار یا محول الحول والاحوال حول حالنا الی احسن الحال"

ای تغییر دهنده دل‌ها و دیده‌ها، ای تدبیر کننده روز و شب، ای مدبر شب و روز ای گرداننده سال‌ها و حالت‌ها، حالات ما را به نیکوترین حال‌ها تغییر بده.

فرمودند خیلی خالص بشوید، من سه جا به تو سجده می‌کنم و این بار دوم است که به تو سجده می‌کنم و جای سوم در یک جایی از زندگی تو اتفاق می‌افتد وآنجا دیگر باتو اتمام حجت می‌شود یعنی خلوص تو کامل خواهد شد و هرچه تو رشد کنی وکار کنی زودتر به آن درجه می‌رسی که همانا مقام ختم الشیطان شدن است و دیگر هیچ وسوسه‌ای در تو اثر نخواهد کرد و دیدن

مرحله سوم کار هرکسی نیست، تو الان دو مرحله را در زندگی دیده‌ای که این هم مقام والایی است برای یک انسان، من می‌روم اما حواست باشد که داری چه کار می‌کنی ای انسان. ما دانستیم که تمامی داستان‌های کتب الهی در مورد رانده شدن شیطان حالت نمادین دارد و برخلاف آنچه که در مورد او گفته می‌شود، لوسیفر هم مأموری است ازجانب خداوند و هم فرشته‌ای عظیم و با قدرت است.

فرشته نقرهای

در روزی از روزهای زمستان فرشتهای بسیار زیبا با لباسی بلند نقرهای رنگ و درخشان، قامتی بلند و کشیده با اندامی شبیه پریهای دریایی که پیچ و تاب زیبایی دراندامش داشت، بینهایت شاد و پر انرژی، خودش را فرشته نقرهای معرفی و مأموریتش را پاک سازی در جهان طبیعت اعلام نمود.

از ما خواست ظرفی پر از آب کرده و شب هنگام در جایی از منزلمان که پاکتر است قرار دهیم و صبح هنگام از آن آب بنوشیم، در حالی که از او میخواهیم تا به آن ظرف آب انرژی دهد. هنگامی که به مکانهای جدید پا میگذاریم سه بار نامش را صدا کرده و در جهت پاکسازی آن محیط از او مدد بگیریم.

خوردن آب، پاکسازی باعث درخشش شما میشود و اگر میتوانید یک تکه نقره در آن آب بیاندازید تاثیرش را بیشتر میکند و خود نقره خاصیتهای زیادی دارد تا جایی که میتوانید نقره خالص پیدا کنید نقرهای که هیچ ناخالصی در آن نیست.

نقره سطح ارتعاش شما را خیلی بالا میبرد به طوری که جایی میگویید خوب بود من این را داشتم و در یک لحظه تمام عواملش برای شما فراهم میشود و آن خواسته سریعا محقق میشود.

ظرف آب خیلی مهم است و در رسیدن به اهداف و چشم انداز هایتان، قدرت های زیادی به شما میدهد، ظرف آب شما بهتر است رنگی باشد و ازجنس شیشه ساده و این باعث میشود که شما وقتی صبح روز بعد از آن آب میخورید نیروی عظیمی به شما میدهد شما آن نیرو را بدست میآورید و آن اتفاق که گفتم برایتان میافتد.

کارهایی که هر روز صبح بهتر است انجام دهید، علاوه بر سلام بر خدا و عشق دادن به وجودتان، بگویید سلام و درود بر انسان‌های پاک و این جمله باعث می‌شود که سطح پاکی در انسان‌ها بالاتر رود وقتی که این جمله را می‌گویید پاکی به وجود خودتان می‌نشیند و این کار باعث می‌شود که سطح ارتعاش خودتان بالا رود و به خودتان خیلی خیلی کمک می‌کند.

پس از این که ارتعاشتان بالاتر رفت، اگر جایی دیدید که انسانی نمی‌تواند شما را تحمل کند اصراری به ماندن در کنار او نداشته باشید و واقعا دیگر به آن فضا نروید و بدانید که بایستی آن آدم را رها کنید آن انسان نتوانسته است با حیطه‌ی وجودی شما کنار بیاید.

هرچه گره در زندگی روزمره‌تان می‌افتد چشمان‌تان را ببندید آن گره‌ها را ببینید خیلی ساده مثل گره‌هایی که با طناب زده می‌شود و ببینید که آن گره را باز می‌کنید و هیچ سختی دیگر برای تان نیست من کارم این است که در کنار سایر فرشته‌ها برروی زمین پاک سازی انجام

می‌دهم و هرگاه خواستید مکانی را پاک سازی نمایید من را صدا بزنید تا آن مکان یا خانه را برای شما پاک سازی کنم. شما وقتی که دل‌تان خیلی پاک باشد و شفافیت وجودی داشته باشید می‌توانید به راحتی ارتباطات خیلی قوی بگیرید.

درمورد غذایی که می‌خورید، گفتن و نگفتن کلمات قبل از خوردن هرچیزی مهم نیست بلکه این حس شما است که آن لحظه مهم است اصل آن است مثل اینکه من چهار تا کلمه بگویم ولی احساسم ناخوشایند باشد و این تأثیر کار را برعکس می‌کند.

ببینید من به شما چه می‌گویم این که شما سوار چیزهایی که می‌خواهید بشوید ما دوحالت داریم یا این که پایین‌تر از سطح خواسته‌های‌مان هستیم و یا اینکه بالاتر از سطح خواسته‌ها مان و باید بالاتر باشیم تا بدستش بیاوریم.

شبیه آدمی باشید که سوارهستید، وقتی سوار خواسته‌تان باشید یک آدم می‌آید و یک صحبت می‌کند و یک پیشنهاد به شما می‌دهد که دقیقا در راستای آن چیزی است که شما به آن قدرت دادید و ارتعاشش را بالا بردید و آنجا در ان جایگاه قرار می‌گیرید که باید باشید.

توجه کنید از وجودتان چیزهای مختلف نباید تراوش بشود و وجودتان را صرفاً برروی یک خواسته متمرکز کنید توجه‌تان را خیلی زیاد کنید و خیلی بر روی آن چیز متمرکز باشید فکر کنید که درآن شرایط زندگی می‌کنید طوری که انگار هر روز در حال استفاده از آن هستید و و قویا خودتان را در آن فضا ببینید و با آن خواسته همراه شوید، کاملاً آن فضا را برای خودت تجسم کن و قوی‌اش کن و خیلی مهم این است که تصویر خودت هم خیلی شاداب در آن فضا ببینی ولی یادت باشد که تصورت را قوی کنی. حرف من خیلی ارزشمند است و به هیچ وجه به کاری که دارید انجام می‌دهید ذره‌ای شک نکنید کاملاً اعتماد کنید و ایمان داشته باشید و مطمئن باشید که هرچه که بخواهید به دستش می‌آورید فرقی نمی‌کند.

فرشته بی نهایت

تابستان شکل تجلی بخش خودش را به نمایش گذاشته بود، ما مراقبه‌هایمان را عمیق‌تر و بیشتر برگزار می‌کردیم و برای صلح، سعادت و هدایت انسان‌ها دعا و درخواست می‌کردیم زنی بسیار بسیار زیبا و بلند قد که لباسی سفید پر از تکه‌های الماس همچون لباس‌های بانوان سلطنتی بر تن داشت و در هاله‌ای سفید احاطه شده بود، با بال‌های زیبا و به شکلی کمی محو، بسیار بسیار شاد و خندان بود و بی نهایت عشق و انرژی را به شکل علامت بی نهایت (∞) به سمت ما فرستاد در حالی که پرتوهای انرژی به شکل بی نهایت را بر روی سر ما بصورت پلکانی می‌گذاشت و این پلکان را دیدم که تا به آسمان‌ها رفت.

عشق و حسی که از این تجربه احساس کردیم. وصف ناشدنی است و در کلام نمی‌گنجد. درحالی‌که حلقه‌های انرژی طلایی شکل به شکل علامت بی نهایت به سمت ما می‌فرستاد از ما خواست این انرژی را به سوی آسمان و به کل سیاره زمین بفرستیم. عطری از گل‌های بهشتی تمام محیط را پر کرده بود.

چیزی که گفت این که شکل فیزیکی من مهم نیست و این که من چه هستم وچه کسی هستم.

هیچ وقت و هیچ جا از هیچ انسانی کمک نخواهید و فقط از خدا بخواهید وقتی که تکیه دادی به یک انسان و یادت رفت که او از طرف خداوند است کارت خراب می‌شود. کار درست این است که بدانید او هم یک مأمور است اگرچه خود آن انسان اصلا نمی‌داند که در هر مسیری که حرکت می‌کند درحال انجام مأموریت است.

به سمت او عشق بفرستید تا اتصال تان به او که منبع است برقرار شود، بگویید:

"من می‌خواهم دریافت کنم من می‌خواهم بهترین خودم باشم، بگویید عشق، عشق، عشق تو سفیر زندگی منی، مرا بجایی هدایت کن که باید آنجا باشم."

اختلاف نظر بین انسان‌ها به این دلیل است که هرکس می‌خواهد خودش همه کار را انجام دهد بدون هیچ اتصال

" به شکر اندر آید هر نفسی که می‌کشید"

ارتباط که می‌گیرید ارتباطات‌تان خیلی عمیق و عاشقانه به سمت خدا باشد، خیلی خیلی عمیق باشید و من سه چیز را به شما می‌گویم که هر روز کار کنید اول عشقی که خیلی عمیق و خیلی بی نهایت است و دوم این که بدانید آیا انسانی هستید که لیاقت دارید در این مسیر باشید سوم این که ارزش در یک نقطه است ولی منظور من از آن نقطه خیلی عظیم است و آن ارزش را در وجودتان پیدا کنید، سپس عشق عمیق و بی نهایت را درخود زیاد کنید. ارزش و لیاقت خود را بیابید وآن را گسترش دهید.

شما می‌توانید در زندگی تان عشق را واقعا به نهایتش برسانید و حتماً از این فرصت زندگی استفاده کنید و آن را از دستش ندهید و اگر جایی رها کردید دوباره خیلی زود برگردید و می‌دانید که زندگی طوری هست که تکراری نخواهد داشت این یعنی من لحظه لحظه با زندگی‌ام زندگی می‌کنم، هر راهی که در زندگی‌موقعیتش پیش روی شما قرار می‌گیرد استقبال کنید اما به تنهایی و خودسرانه کاری انجام ندهید.

الان تصور کنید که تیری را پرتاب می‌کنید و تیر شما می‌ره به هدفش می‌خورد. می‌دانید تیر در اینجا چه مفهومی دارد تیر یک طور عروج شما است مثل سیر و سفر و بالاتر رفتن و ابعاد جدید را تجربه کردن و آن نیز می‌تواند تمام این مسیر را طی کند بستگی به شما دارد که تیرتان سریع این مسیر ها را طی کند یا آرام آرام

این دیگر چیزی است که در وجودتان نهفته است و به هیچ کس و هیچ چیز ربطی ندارد و برمی‌گردد به آن انرژی الهی وجود خودتان. آن هم فقط خدا می‌داند پس به خودش بسپارید گوهره وجودی در درون شما گذاشته شده است پس طالب حضورش باشید این عشق که از او صحبت می‌کنیم تنها هنگامی زیاد می‌شود که شامل تعداد زیادی بشود یا بهتر است بگوییم همه.

این همه را پیدا کنید همه می‌تواند خودتان باشد همه می‌تواند آن همه‌ای باشد که می‌بینید مثل تعداد آدم‌های روی زمین یا آدم‌هایی که دیگر نیستند حتی هر موجود غیر از آدم ببینید آن همگی یا همه را برای خودتان چطور ترجمه می‌کنید و می‌بینید.

یک کلید را در دست خودتان تصور کنید حتماً کف دست راستتان را نگاه کنید وکلید را کف دست‌تان ببینید و در مشت‌تان نگهش دارید و مطمئن باشید که حتماً در آن مسیر نشانه‌های عالی برای تان می‌آید و این کاردرهای بعدی را یکی پس از دیگری برای شما باز می‌کند.

و در سه جا از آن استفاده کنید اول وقتی به مکانی می‌روید، مطمئن باشید که همراه‌تان است و احساسش کنید بسیاری معرفت از آن فضا به دست می‌آورید اصلا هم مهم نیست کجاست.

دوم زمانی که برای اولین بار سر کاری می‌روید برای‌تان کارگشا می‌شود و سوم وقتی که به مأموریتی می‌روید و منتها امکان دارد حتی به آن آگاه نباشید هیچ فرقی ندارد. در آن موقعیت که قرار می‌گیرید باز هم کلید را ببینید که با شما است.

ما خیلی جاها به انسان به شکل‌های مختلف پیام می‌دهیم که مسیری را نرو یا کاری را انجام نده و چون در واقع غافل است و به پیام ها توجه نمی‌کند آن اتفاق برایش می‌افتد.

رهایی زمانی برای شما اتفاق می‌افتد که اگر جایی گفتند نروید، اطاعت کنید و این پیام است برای شما و اگر گفته شد بروید باید حتماً آن کار را انجام دهید وگرنه هر اتفاقی برای‌تان می‌افتد مقصر خودتان هستید.

شما وقتی که عشق را زیاد کنید خیلی راحت می‌توانید متوجه پیام ها بشوید و یکی از دلایل که متوجه‌نمی‌شوید این است که سطح عشق شما پایین است همه می‌آیند به شما چیزی می‌گویند و می‌روند شما از یک گوش بشنوید و از گوش دیگر خارج کنید وفقط به پیام های الهی توجه کنید.

سلسله مراتب اتفاقاتی که تا به امروز در زندگی تو افتاد دارد تو را به هدف نهایی‌ات نزدیک می‌کند و این اهداف خیلی به شما نزدیک است مراقب باشید با انسان‌های اشتباهی به هیچ وجه ارتباط نداشته باشید زیرا کار شما را خراب می‌کنند.

حرکت از نیروی الهی شروع می‌شود و در وجود تو نهفته است و تو باید ادامه‌اش بدهی از خداوند بخواهید که اراده خودش را بر شما نمایان کند و مرتب بخواهید:

خداوندا در این اراده‌ای که بر من می‌نمایی بی‌نهایت بی نهایت ها را به من نشان بده

صلح کنید حتی با آن‌ها که با شما سر جنگ دارند شما هیچ نگویید اراده الهی کار خودش را می‌کند بسپارید و رها شوید. ریشه‌های تان را همراه با رویش زمین قوی کنید و ارتباط بیشتری بگیرید آگاهی داشته باشید به آسمان و زمین ودست راست را برروی قفسه سینه و یا همان چاکرای قلب بگذارید و در آن لحظه حس تسلیم قوی داشته باشید وقتی که این کار را انجام دهید جواب ها برایتان می‌آید.

برای شنیدن فایل صوتی مربوط به این بخش بار کد زیر را اسکن کنید

فرشته کریستالی

در یک شب زیبای تابستان، شبی‌که ماه درخشش زیبا داشت و ستاره‌های آسمان صاف و پاک در نزد ماه جلوه گری خیره کننده داشتند، در حین مراقبه فرشته‌ای زیبا در حالت آویزان با لباسی به شکل لباس عروس ساخته از تور حریر بلند زیبا، پر از پوشش کریستال هایی به شکل اشک های آویزان، بسیار زیبا، درخشنده و شاد و پر انرژی که می‌چرخید و می‌رقصید و با هر بار چرخش هر چه زیباتر و درخشنده‌تر می‌شد درخشش از وجود خودش بود و حضوری سرشار از زیبایی و عشق داشت.

او انرژی فرکانس بسیار بالایی داشت برخلاف بسیاری از فرشتگان از زمین کمی فاصله داشت خودش را از جانب خداوند و نامش را فرشته کریستالی معرفی کرد.

گفت وقتی بر روی نیروی کریستال ها تمرکزکنید، یکی از خصوصیاتی که به شما می‌دهد جوانی و شادابی است. کریستال هم موجب درخشندگی شما و ارتقای ارتعاش انرژی شما جذب عشق بیشتر و اتصال شما به منبع عشق انرژی هستی می‌شود.

بگویید خدایا من پیرو توام و از تو اطاعت می‌کنم. ساده باشید هر چقدر ساده‌تر باشید ارتباط‌ها به راحتی برای شما ایجاد می‌شود هر چیزی در یک نقطه شروع می‌شود در نقطه‌ای پایان می‌یابد و این بستگی به خود شما دارد هیچ چیز ماندگار نیست اگر به فصل ها بنگرید این ادراک برایتان واضح‌تر خواهد شد.

خداوند همیشه و همه جا و در همه حال و با همه بنده‌ها یش در ارتباط است ولی از آنجا که بنده‌هایش به او آگاهی ندارند این ارتباط در واقع ایجاد نمی‌شود.

وقتی که با این حس و حال زندگی کنی او مرتب با تو ارتباط دارد یعنی متوجه او می‌شوی همیشه به خدا بگو که ای خدا من پیرو توام و از تو اطاعت می‌کنم همین کافی است.

تو باید یاد بگیری در وقت مناسب و در جای مناسب باشی و این وقت و جای مناسب باید همیشگی باشد.

می‌دانید که همه انسان‌ها می‌توانند به سادگی، ما را ببینند و با ما ارتباط داشته و رهنمودهایی که خداوند توسط ما می‌فرستد را گوش بدهند و بهتر زندگی کنند ولی دریغ که این آگاهی خیلی کم است.

شما همواره در حال تابیدن و چرخیدن هستید و این تابیدن و چرخیدن همواره برای شما تکرار می‌شود و هیچ گاه متوقف نمی‌شود، به دنبال شما و به همراه شما عشق حرکت می‌کند. به شما می‌گویم که برای این که این عشق در وجودتان تداوم پیدا کند و هرروز قوی‌تر بشود به رنگ‌ها توجه بیشتری داشته باشید و بدانید که سلطه واقعی و حکومت حق همواره حاکم است و این حکومت زیباست نه هیچ حکومت دیگری و بدانید که زندگی شما مثل یک گوی رنگین است.

شما در هر حالتی باید با بودن‌ها و نبودن‌ها ادامه بدهید اغلب انسان‌ها را آنچه که از بین می‌برد و ضعیف می‌کند. نا امیدی و یاس است و اگر انسانی را ناامید و مایوس دیدید به سمت او انرژی بفرستید و برایش شادی و گشایش

بطلبید و هرچقدر که از این ثمرات برای دیگران نیز بفرستید، بیشتر از آن به خود شما بر می‌گردد و این فلسفه دعاهایی است که شما درحق دیگران گسیل می‌دارید. بگویید:

"کریستال‌های زیادی در اینجا حضور دارند من می‌خواهم شاهد کریستال‌هایی باشم که مرا احاطه کرده شاهد بودن من دلیل بر قدرت آن‌هاست کریستال‌ها بخوبی از من محافظت می‌کنند."

زمین خیلی بیش از این که تا به حال گفته شده است قدرت و انرژی دارد و زمین کارش هدایت‌گری است و زمین می‌تواند کاری بکند که تو را به آنچه که فکر

می‌کنی هدایت کند و این هدایت‌گری مستلزم آن است که این مسیر را شما هدف‌گذاری کنید و یکی یکی این اهداف را به جلو ببرید.

ولی هدفتان را باید مشخص کنید و شما شروع کنید. هدف هایتان را بنویسید مثلا می‌نویسید هدف شماره یک و شروع می‌کنید درباره آن می‌نویسید و زمانی که یک سری پدیده‌ها دراطراف آن هدف پدیدار می‌شود بلافاصله به سراغ هدف شماره دو بروید فقط بنویسید و رها کنید. اینجا زمین هدایت‌گر است و به تو جهت می‌دهد و به تو می‌گوید که به چه جهتی حرکت کنی و چکار کنی. خداوند همه این چیزها را آفریده و دقیقا هدفش آن بوده که شما شروع به حرکت کردن کنید و ضعیت‌تان را از حالتی به حالت دیگر تغییر دهید. در نوشته‌های تان شروع به مشخص کردن وضعیت‌تان کنید و با یک هدف شروع کنید ببینید که چه می‌خواهید و همان هدف را تا مدتی پیگیر بشوید.

و سه چیز به شما کمک می‌کند اول اینکه وقتی خیلی آرام هستید، شروع به نوشتن کنید، فرقی نمی‌کند چه وقت از شبانه روز باشد و دوم اینکه وقتی می‌نویسید از زمین کمک بخواهید که نیروهایی به شما کمک کنند. و آن را به خداوند قسم بدهید بهتر است که سه بار قسمش بدهید و سوم اینکه تا چیزی به ذهن‌تان آمد آن‌را روی کاغذ بنویسید و اصلا تعلل نکنید و فکر زیاد نکنید و رها باشید بگذارید خودش بیاید و شما بنویسید و خودش هم سریع برود و وقتی بر روی چیزی خیلی فکر کنید به بن بست می‌خورید و دلیل اینکه کارتان انجام نمی‌شود همین است.

با قلب‌تان به قضایا نگاه کنید و قلب شما به شما خواهد گفت که چه کنید و بعد آن نوشته یا دفترتان را درجایی بگذارید و از آن جدا بشوید تا زمانی که ناخودآگاه‌تان به شما می‌گوید به سمتش بروید این‌هایی که می‌گویم همه ریشه‌های عمیق دارند، به ریشه‌ها خیلی توجه کنید و طلبشان کنید تا به یاری شما بیایند و شبیه این هستند که اگر مانع یا دشمنی به سمت شما بیاید آن را پس می‌زنند و همه چیز برمی‌گردد به نیروهای درونی خود شما خودتان، خودتان را جلا بدهید و هیچ کس به اندازه خود شما در زندگی‌تان نقش ندارد من دست‌های خدا را می‌گیرم زمانی که دست خدا را می‌گیری همه چیز برای تو درست می‌شود.

سپس فرشته در حالی که دستش را به سمت آسمان و زمین برد،

گفت شما خالقی داریدکه نگاهش به شما است و این نگاه همواره بر شما است چه در زمان حیات زمینی و چه در سایر مراحل زندگي و اگر در زندگی

فقط به این نگاهی که خدا به شما دارد آگاه باشید خیلی خیلی بهتر پیش خواهید رفت.

در مورد اعمال‌تان درمورد گفتارتان در مورد حس‌هایی که ارائه می‌دهید کارهایی که می‌خواهید انجام دهید به این نگاه ناظر خدا دقت کنید، بعد حرکت را انجام دهید و بعد نگاه کنید که در این دنیا چکاره هستید

می‌خواهی چکار کنی؟ می‌خواهی کجا بروی؟ می‌خواهی چه حس‌هایی را در خودت تقویت کنی؟ این نگاه، نگاه مهمی است.

وقتی که نگاه‌تان آگاهانه به خدا باشد متوجه می‌شوید که در این دنیا چکاره‌اید و مأموریت‌تان را درست انجام می‌دهید در غیر این صورت امکان دارد در انتخاب‌هایی که نگاه الهی روی آن نیست به انحراف کشیده بشوید.

شما صفاتی که در وجودتان هست و می‌دانید که صفت خوبی است را باید تقویت کنید انسان اگر روی صفتی را که در وجودش می‌درخشند کار کند، همواره قوی است. ولی اگر رویش کار نکند به سمت عکس می‌رود مثل آدمی که آویزان است و معکوس، در این دنیا سرگردان می‌شوید.

کریستال‌های زیادی اطراف شما را احاطه کرده، با این نگاه زندگی کنید" کریستال ها می‌تواند مثل یک برج بلند باشد که نگاه الهی رویش هست" و بگویید: **"کریستال های من هرروز بیشتر و بیشتر می‌درخشد و زیبایی خیره کننده‌ای دارد، بی نهایت مرا به حس اتصال می‌رساند. من قلبم سرشار از عشق و درخشش کریستال های الهی است و می‌خواهم در این دریایی از کریستال غرق بشوم، دریایی که پر از نعمت و برکت است."**

چشمانتان را ببندید و به اطراف حس داشته باشید ببینید که این کریستال‌ها همه جا هست هر کس به اندازه وسع خود از آن برداشت می‌کند کریستال مفاهیم بسیاری در زندگی انسان دارد اما باید به آن آگاه باشید آگاهی شما همان نگاه خدا است، همان پذیرش حضور او و این باعث می‌شود که بتوانید هموارتر از جایی به جای دیگری بروید شما نقل مکان خواهید کرد اما در این نقل‌ها و تغییر، ابتدا باید راه‌تان هموار باشد.

از خدا بخواهید نگاه ناظرش بر شما نگاهی باشد که شما را در مأموریت‌تان تقویت می‌کند خاطرتان باشد آنچه را بدست آورید به راحتی می‌تواند از دست شما برود. این شما هستید که انتخاب می‌کنید چکاره هستید، چه می‌خواهید و هدف شما چیست صحبت مسیر عشق است، صحبت زیبایی نگری است. اگر زیبا بنگرید زیبا خواهید زیست. شما قدرتی الهی دارید قدر آن را بدانید و این قدرت را آن‌قدر آگاهانه نگاهش کنید تا در شما چندین برابر شود آنقدر این قدرت را در خودتان زیاد کنید که انسانی قوی شوید پر از انگیزه زیستن پر از نیروی انجام خدمت به خلق خداوند، پر از حس خوب بودن.

فرشته خلق

در هنگامی پر از عشق و حضور ابتدا اعدادی به شکل خاص دیدیم سپس هلال انرژی در سمت راست ما ظاهر شد سپس زنی جوان با هاله ای که رنگ زرد خیلی روشن داشت نمایان شد و خودش را فرشته خلق معرفی کرد.

گفتیم خلق به چه معنا است؟

" هر آنچه که شما در واقع می‌خواهید یا در موردش صحبت می‌کنید یا به آن فکر می‌کنید خلق می‌شود و من مأمورم که این کار را انجام دهم."

باید به آنچه خلق می‌کنیم آگاه باشیم ما می‌توانیم درجاتی از خلق را داشته باشیم خلق‌هایی که مربوط به نفس ما است و معمولا هم سطح ما هستند و همچنین خلق‌هایی که مربوط به عالم بالاتر است و قدرت هایی معنوی دارد و همه این ها به هرشکلی که برای شما ایجاد شد خلق می‌شود به شما می‌گویم که به راحتی قابل دسترسی است و بخاطر همین قابل دسترس بودن هیچ کس نمی‌داند که درحال خلق چه چیزی است.

صفاتی در شما هست، صفاتی که باعث شده شما خلاق باشید اما انسان به بسیاری از صفات که در وجودش است آگاهی ندارد و آگاهی‌اش بر صفاتی است که اصلا وجود خارجی ندارد ولی تمام ذهنش را اتفاقا بر روی همان صفات می‌گذارد من به شما یک راهکار می‌دهم و آن اینکه یک صفت را در خودتان که الآن می‌گویم را بر رویش کارکنید و درواقع قوی‌اش بکنید زمانی که آن صفت را در وجودتان قوی کنید نیروهای الهی به کمک شما می‌آیند تا سایر صفات الهی در شما شکل بگیرد اصولا یکی از دلایلی که ما به صفات اصلی‌مان آگاهی نداریم این است که سرگردان چندین صفت می‌شویم که ساخته ذهن خودمان است.

الان من به شما می‌گویم که به صفتی مثل مفید بودن درخودتان آگاه بشوید و به آن بها بدهید و شروع کنید از این صفت مفید بودن استفاده کنید و بعد ببینید که چه استفاده‌ای از آن می‌کنید آیا آن استفاده چیزی به وجود شما اضافه می‌کند یا چیزی را کم می‌کند. هرگاه چیزی به شما اضافه کرد آگاهی شما یا هوشیاری‌تان خالص و خالص‌تر می‌شود.

اما هر گاه چیزی از شما کم کرد بدانید که راه را اشتباه می‌روید اما یادتان باشد که فقط روی این صفت کارکنید اگر سراغ سایر صفات‌تان رفتید این خاصیت خلق مفید را از شما می‌گیرد خلق مفید به وجود شما جلا می‌دهد. و باعث ارتقای روح شما می‌شود و روح شما که ارتقاء پیدا کرد، انگیزه زندگی در شما قوی تر می‌شود دقت کنید که به شما چه می‌گویم می‌خواهم به شما بگویم که شما با هرکلام با هرنگاه و با هر ذهنیت دائما درحال خلق هستید و این خلق‌ها می‌توانند در زندگی شما جنبه مثبت داشته باشد و بالعکس.

وقتی که بر روی صفات نیک‌تان کار می‌کنید اگر جایی احساس کردید که سردرگم شده یا حال و احساس‌تان بد است فرشته خلق را صدا کنید و من حتماً کنارشما هستم. همین طورکه شما می‌توانید در ذهن خود چیزی را خلق کرده و حرکتش بدهید و شکلش بدهید و آن را به دنیایی بیاورد که دیگران هم بتوانند آن را ببینند، اینکار در واقع توسط خداوند نیز صورت می‌گیرد و این قدرت در وجود شما هم گذاشته شده است و شما می‌توانید خالق هر چیزی در این عالم باشید.

هرچیزی را که در زندگی‌تان به آن خیلی توجه کنید و به آن خیلی آگاه باشید می‌تواند خلق شده و به سمت شما بیاید شما یک خلاق به تمام معنا هستید.خلق کردن ریشه درتمام ابعاد وجودتان دارد و این از خداوند است که به شما داده شده است.

ما می‌خواهیم که خلق ها در وجود شما زیاد شود و هرچقدر که این خلق ها در وجودتان زیاد شد نوع ارتباط شما با انسان شکیل‌تر می‌شود شکیل‌تر شدن ارتباط یعنی بهتر و زیباتر شدن نوع ارتباط انسان با انسان و سایر موجودات

این شکل گرفتن‌ها باعث می‌شود که ما آرام آرام به بعد انسانی‌مان که خیلی زیباست نزدیک بشویم و همچنین به بعد هر خلقتی در جهان هستی و آرام آرام متوجه می‌شویم که خیلی از این خلقت ها توسط خود انسان انجام شده وآن خلقت اصلا قبلا جایی نبوده است. مثلا یک نمودار جدید می‌بینید از هرخلقتی ولی از قبل در وجودش به ودیعه گذاشته شده است.

آنچه را که می‌خواهیم خلق کنیم را به آسمان ببریم و در واقع از تمامی خلقت‌های دیگر و نیروهای آسمانی کمک بگیریم که خلق شما صاحب روحی بشود روحی که شما به آن می‌دهید و آنقدر باید این کار را انجام دهید تا به جایی برسید که خودتان یک جایی رها بشوید و مطمئن بشوید که خالق اصلی خود خداست اما از این نعمتی که در وجودتان گذاشته شده است حتماً استفاده کنید.

ما فرشتگان می‌آییم و پیام را به شما می‌دهیم دقت کنید گوش کنید و عمل کنید لطفاً هیچ چیزی را در دنیا ازآن سرسری نگذرید جامی است آن را بنوشید از آن بهره‌مند شوید و حتماً راه تان را پیدا کنید سرگردان حرکت نکنید.

خالق هستی نعمات زیادی به شما داده است شما تازه توانسته‌اید به جزئی از آن دسترسی پیدا کنید و عظمت این گنج وجودی بسیار بیشتر از آن چیزی است که حتی به تصور بیاید من می‌خواهم که وجودتان را اشباع کنید از خلق‌های زیبا آنچه را که می‌خواهید خلق کنید بر روی کاغذ بنویسید و بعد بر روی آن تمرکز کنید و بدین وسیله به آن شکل و هیئت بدهید. خداوند با تمام وجود این کار را کرد و این عشق در وجود شما هم هست. پیدایش کنید خودت را که یافتی آن عشق هم می‌آید. من می‌روم درود بر همه خلقت‌ها.

برای شنیدن فایل صوتی مربوط به این بخش بار کد زیر را اسکن کنید

گفتار پایانی

دنیایی که ما درآن قرارگرفته‌ایم سرشار از شگفتی و رازهایی است که همیشه برای شناخته شدن منتظر ما هستند و هرچقدرکه ما تلاش مان را بکنیم برای خودمان و نسل‌های آینده بشر این راه کوتاه‌تر وکوتاه‌تر می‌شود.

این که ما انسان‌ها تا این اندازه مهم هستیم به خاطر قدرت اراده و اختیار ما در ساخت و خلق دنیا یا تخریب و نابود سازی پدیده‌ها است زیرا هر انسانی با قدرت توجه و خواست خود درحال شکل دادن به واقعیت زندگی در این سیاره است که بخشی بسیار کوچک در قلمرو مادی عالم وجود است.

از آن جایی که همه چیز به هم متصل و درهم تنیده است افکار و توجه هریک از ما در هر قسمت بر سایر نقاط زمین و حتی جهان اثر می گذارند. تا زمانی که در زمین ما به صلح، آزادی و رهایی، فراوانی، زیبایی، عشق و پیشرفت توجه نکنیم و پی به ارزش وجودی‌مان و پیوستگی و همبستگی‌های خرد جمعی بشر در خلق اکنون و آینده حیات سیاره نبریم، ناگزیر بشر امروزه در مسائلی غرق می‌شود که ساخته و پرداخته نه صرفاً جمعی اندک که همه ابنای بشر است.

چند کتاب پیشنهاد سردبیر انتشارات برای شما

برای تهیه کتاب ها از آمازون یا وبسایت انتشارات می توانید بارکدهای زیر را اسکن کنید

kphclub.com

Amazon.com

Kidsocado Publishing House
خانه انتشارات کیدزوکادو
ونکوور، کانادا

تلفن : ۸۶۵۴ ۶۳۳ (۸۳۳) ۱+
واتس آپ: ۷۲۴۸ ۳۳۳ (۲۳۶) ۱ +
ایمیل :info@kidsocado.com
وبسایت انتشارات: https://kidsocadopublishinghouse.com
وبسایت فروشگاه: https://kphclub.com